30 Minuten

Selbstseminar (Wissen selbst aneignen)

Veronika Weiss

Externe Links wurden bis zum Zeitpunkt der Drucklegung des Buches geprüft. Auf etwaige Änderungen zu einem späteren Zeitpunkt hat der Verlag keinen Einfluss. Eine Haftung des Verlags ist daher ausgeschlossen.

Bibliografische Information der Deutschen Nationalbibliothek. Die Deutsche Nationalbibliothek verzeichnet diese Publikation in der Deutschen Nationalbibliografie; detaillierte bibliografische Daten sind im Internet über http://dnb.d-nb.de abrufbar.

ISBN 978-3-96739-214-2

Umschlaggestaltung: Zerosoft, Timisoara (Rumänien)
Umschlagkonzept: Buddelschiff, Stuttgart | www.buddelschiff.de
Lektorat: Silke Martin, Kriftel
Autorinnenfoto: Konstantin Odin
Satz und Layout: Zerosoft, Timisoara (Rumänien)
Druck und Bindung: Salzland Druck, Staßfurt

Ein Hinweis zu gendergerechter Sprache: Die Entscheidung, in welcher Form alle Geschlechter angesprochen werden, obliegt den jeweiligen Verfassenden.

Wir drucken in Deutschland.

www.gabal-verlag.de
www.gabal-magazin.de
www.twitter.com/gabalbuecher
www.facebook.com/gabalbuecher
www.instagram.com/gabalbuecher

PEFC
PEFC/04-31-2251

PEFC-zertifiziert
Dieses Produkt stammt aus nachhaltig bewirtschafteten Wäldern und kontrollierten Quellen
www.pefc.de

ÖKOLOGISCHE VERANTWORTUNG

Wir übernehmen Verantwortung! Ökologisch und sozial!

- Verzicht auf Plastik: kein Einschweißen der Bücher in Folie
- Nachhaltige Produktion: Verwendung von Papier aus nachhaltig bewirtschafteten Wäldern, PEFC-zertifiziert
- Stärkung des Wirtschaftsstandorts Deutschland: Herstellung und Druck in Deutschland

Wissen auf den Punkt gebracht

Dieses Buch ist so konzipiert, dass Sie in kurzer Zeit prägnante und fundierte Informationen aufnehmen können. Mithilfe eines Leitsystems werden Sie durch das Buch geführt. Es erlaubt Ihnen, innerhalb Ihres persönlichen Zeitkontingents (von 10 bis 30 Minuten) das Wesentliche zu erfassen.

Kurze Lesezeit

In 30 Minuten können Sie das ganze Buch lesen. Wenn Sie weniger Zeit haben, lesen Sie gezielt nur die Stellen, die für Sie wichtige Informationen beinhalten.

- Schlüsselfragen mit Seitenverweisen zu Beginn eines jeden Kapitels erlauben eine schnelle Orientierung: Sie blättern direkt zu dem Thema, das Sie besonders interessiert.
- **Zahlreiche Zusammenfassungen innerhalb der Kapitel erlauben das schnelle Querlesen.**
- Ein Fast Reader am Ende des Buches fasst alle wichtigen Aspekte zusammen.
- Ein Register erleichtert das Nachschlagen.

Inhalt

Vorwort

Weiterbildung ist teuer, und oft können wir leider nicht so viel mitnehmen wie erhofft. Bestimmt haben Sie sich nach einem Seminar auch schon mal gefragt, was genau der Mehrwert desselben war, und im Stillen festgestellt, dass die Veranstaltung ihr Geld eigentlich nicht wert war. Und es stimmt: Viele Webinare oder Coaching-Angebote bieten zwar den Service, dass frei zugängliche Inhalte und teils sogar Altbekanntes mundgerecht serviert und häppchenweise an die Teilnehmenden verfüttert werden – aber mehr auch nicht. Deren Zielgruppe zeichnet sich vor allem dadurch aus, dass sie sich nicht selbst zum Lernen aufraffen kann. Ich möchte Sie aus dieser Zielgruppe befreien. Sollen sich doch andere berieseln lassen.

Dieses Büchlein ist ein Praxiswerk. Es wird Sie erst über die Methodik eines Selbstseminars ins Bild setzen und Sie danach bei Ihren Selbstseminaren begleiten. Wenn Sie es gelesen haben, werden Sie kein Geld mehr für Grundlagenseminare ausgeben und sich hinterher ärgern. Stattdessen werden Sie sich künftig kostenlos und effizient eigenständig Grundlagenwissen aneignen – und das mit Freude. Wir gehen Schritt für Schritt durch, was für die erfolgreiche Umsetzung entscheidend ist: welche Themen sich eignen und wie Sie eine fundierte Stoffsammlung erstellen, was beim Zeitmanagement zu beachten ist und wie eine ernsthafte und ergebnisstarke Durchführung mit nachhaltigen Learnings gelingt.

Ergänzend zur Praxis möchte ich Sie abschließend mit ein paar theoretischen Grundlagen ausstatten, die eine Rolle spielen, wenn es um Schlagworte wie Empowerment, Commitment, Effectuation und Mittelorientierung, Kognition und Emotion, Montessori-Pädagogik, Lernstrategien und New Learning geht.

Der geheime Turbo des Selbstseminars ist die Selbstwirksamkeit, die Sie deutlich erfahren und positiv erleben werden. Sie befeuert beständig Ihre Motivation, Sie gehen genüsslich in die Eigenverantwortung, lernen und memorieren ganz leicht, entfalten spielerisch Ihr Potenzial. Um diesen Effekt zu verstärken, habe ich am Ende 10 Tipps und Tricks für eine spaßige Seminarphase für Sie zusammengestellt.

Viele starke Selbstseminare und selbstwirksame Momente wünscht Ihnen

Veronika Weiss

Welche Themen eignen sich gut für ein Selbstseminar und welche nicht?

Seite 10

Warum ist beim Selbstseminar das Wann wichtiger als das Wie und Was?

Seite 16

Woran müssen Sie denken, wenn Sie zielgerichtet ein erfolgreiches Seminar planen möchten?

Seite 22

1. Vorbereitung

Wie schön, dass Sie sich entschieden haben, ein Selbstseminar abzuhalten. Beglückwünschen Sie sich ruhig selbst dazu! Denn allein schon mit diesem Entschluss haben Sie ganz viel gewonnen; er ist der erste große Impuls für die Umsetzung.

Um aus Ihrem Selbstseminar alles nur Denkbare herauszuholen – vor allem das, was Sie sich zum Ziel setzen –, ist gute Vorbereitung das A und O. Die geht über die Vorbereitung eines Fremd-Seminars hinaus: Dort wie hier melden Sie sich an, blocken die vorgesehene Zeit in Ihrem Kalender und aktivieren kurz vorher eine Abwesenheitsnotiz im Mailprogramm. Beim Selbstseminar kommt noch einiges an Präparation dazu, denn Sie sind ja selbst verantwortlich für das ganze Programm – Organisation, Seminarleitung und Seminarbesuch liegen ganz allein in Ihrer Hand. Aber das kriegen Sie hin.

Zuerst begeben Sie sich in Ihre persönliche Vortragenden-Rolle und kümmern sich um das Abstecken des Seminarthemas sowie die konkreten Inhalte. Danach schlüpfen Sie in Ihr Orga-Ich und bestimmen den zeitlichen Rahmen.

1.1 Die Themenwahl

Welches Thema kommt Ihnen für Ihr Selbstseminar als Erstes in den Sinn? Ich wette, das weist bereits die wichtigsten Merkmale eines geeigneten Gebiets auf – intuitiv sind Sie auf der richtigen Spur und haben etwas gewählt

- was Sie interessiert,
- worüber Sie einen Überblick gewinnen wollen und
- was Sie in der Praxis gut gebrauchen können.

Ein guter Anfang. Wir schauen uns gemeinsam an, welche Themenbereiche für ein Selbstseminar geeignet sind und welche weniger.

Was nicht funktioniert

Ihr Wahlthema sollte nicht zu sehr in die Tiefe gehen, denn im Selbstseminar funktioniert alles schlecht, was inhaltlich sehr tief geht. Fachbereiche, für die Sie im Prinzip Profis bräuchten, die spezifische Details erläutern und Ihnen bei schwierigen Analysen oder Praxisfällen zur Seite stünden, sind dafür nicht geeignet. Das wird sehr oft der Fall sein, denn Sie wollen ja nicht immer nur an der Oberfläche kratzen. Mit Sicherheit brauchen Sie fundiertes Spezialwissen und Detail-Informationen zu bestimmten Nischen für Ihren Beruf, je länger Sie in diesem tätig sind, umso eher. Aber dafür möchte ich Ihnen dann doch ein konventionelles Seminar ans Herz legen.

Neben diesem tiefen Eintauchen sind auch Gruppenarbeiten und Thematiken, für die Sie auf andere Menschen angewiesen sind, für Ihr Selbstseminar nicht das Richtige – so schön Teamarbeit auch ist. Gruppen sind träge, und für Ihr Selbstseminar wollen Sie das Gegenteil von Trägheit anstreben: Sie haben keine Zeit zu verlieren und es geht Ihnen darum, sich auf eigene Faust etwas anzueignen. Der Seminartag wird dann gut, wenn Sie ihn aus eigener Kraft angehen und sich gerade dadurch enorm motivieren.

Was gut funktioniert

Sehr gut geeignet ist hingegen Ihr eigenes Grundlagenseminar, ein Überblick über ein neues Thema, Wiederholung oder die erste schrittweise Vertiefung von vorhandenem Wissen. Es gibt verschiedene Szenarien, in denen ein Selbstseminar genau das liefern kann, was Sie gerade brauchen. Bevor wir auf diese zu sprechen kommen, möchte ich das mit einer einfachen Grafik skizzieren:

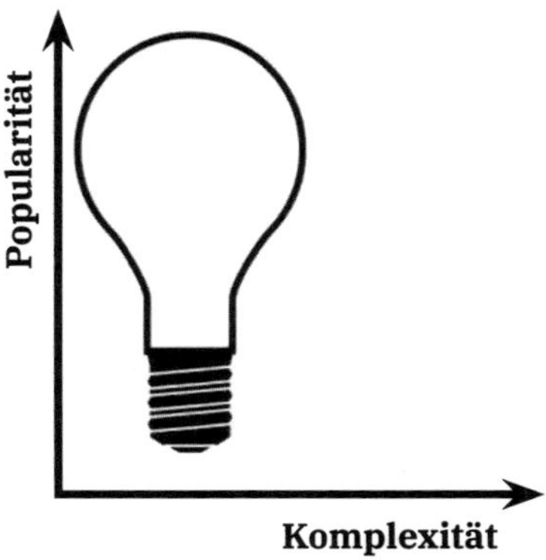

Abb. 1: Geeignete Themen fürs Selbstseminar: wenig komplex und eher populär

Gut, die Glühbirne bildet vielleicht nicht empirisch genau die Eignung eines Themas fürs Selbstseminar ab. (Dafür müsste ich auch erst, nachdem dieses Buch heraus- und zum Einsatz gekommen ist, eine Umfrage durchführen.) Doch ihre Form erfüllt den angestrebten Zweck, und sie steht außerdem als eingängiges Symbol für den Wissensvorsprung, den Ihnen das eigenständige Lernen ermöglicht, sowie für die Schlauheit, Geld zu sparen und selbst tätig zu werden.

Inhaltlich besagt die Grafik Folgendes:

Je weniger komplex eine Thematik ist, desto eher können Sie ohne Hilfe durchsteigen.

Auf der Achse „Komplexität" befindet sich der fürs Selbstseminar spannende Bereich daher weit links. Insbesondere gilt das, wenn Sie mit dem Gebiet, das Sie sich aneignen wollen, noch kaum vertraut sind. Das steht freilich immer im Verhältnis: Wenn Sie auf vorhandenes Wissen aufbauen möchten, kann es ruhig ein wenig komplexer werden. Aber immer im machbaren Rahmen, denn dass Sie den Überblick behalten, ist absolut essenziell für Ihr Selbstseminar.

Je populärer ein Thema, desto leichter finden Sie Inhalte dazu.

Auf der Achse „Popularität" in der Grafik schwebt die Glühbirne deswegen weit oben. In dem Bereich, wo sie leuchtet, befinden sich die besten Recherche-Möglichkeiten, denn Trendthemen werden im Netz immer gern besprochen – in Zeitungsartikeln, Blogeinträgen oder bei LinkedIn, in Podcasts und auf YouTube. In dem weniger populären Bereich, in den das Gewinde der Glühbirne hineinreicht, kann die Stoffsuche etwas schwieriger werden. Aber auch hier ist es möglich, dass Sie aus wenigen seriösen Quellen ganz viel schöpfen – das ist ein wenig Glückssache (was die schräge Schraffierung des Gewindes ausdrückt).

Anreize fürs Selbstseminar

Sehen wir uns nun ein paar konkrete beispielhafte Szenarien an, die zu einem erfolgreichen Selbstseminar führen können:

1. Sie möchten ein klassisches Seminar besuchen, aber **Zeit und Ort passen** Ihnen einfach **nicht**. Prüfen Sie, ob Sie das Thema nicht auch selbst aufarbeiten und sich aneignen können.

2. Ein **bestimmtes Fachgebiet** reizt Sie schon länger: Was genau heißt Social Selling? Wie stärkt man eigentlich diese Resilienz, über die immer alle reden? Ein neues Tool für Zeitmanagement würde Ihnen guttun. Und es wäre vielleicht an der Zeit, sich endlich mal die Grundlagen von Künstlicher Intelligenz anzusehen ... Wenn Sie wie hier einen ersten Einstieg suchen, stehen die Chancen gut, dass Sie sich auf eigene Faust weiterbilden können.

3. In ein relativ vertrautes Thema möchten Sie noch **tiefer einsteigen** und sich systematisch auf den neuesten Stand bringen.

4. Ihr Joballtag verlangt eine **neue Fähigkeit**: Sie sollen etwa mit einem neuen Programm arbeiten oder eine Zusatzaufgabe übernehmen, die per se gar nicht zu Ihrer Stellenbeschreibung passt. Für sich selbst – und gewiss auch zur Freude Ihrer Vorgesetzten, sofern Sie welche haben – gehen Sie die eigenständige Einarbeitung gut strukturiert als Selbstseminar an.

Einfach mal loslegen

Doch auch abseits dieser ausgewählten Szenarien können Sie ganz frei Ihrem Flow folgen, Ideen aufgreifen und notieren. Wenn Ihnen etwa in einem Weiterbildungs-Newsletter ein Thema gefällt und Sie wissen, dass online ganz schön viel darüber zu finden ist: Nehmen Sie diese Idee zur Hand, wenn mal weniger los ist, und schreiten Sie dann zur Planung des Seminartags.

Bleiben Sie neugierig und offen

Beobachten Sie Ihr fachliches Umfeld mit Interesse. (Vermeintliche) Wissenslücken verwandeln Sie in Wissensvorsprung, indem Sie Ihr Selbstseminar planen und veranstalten. Lassen Sie sich also nicht unterkriegen, wenn Sie den Verdacht haben, irgendwo nicht ganz mitzukommen. Die Sache kann auch anders liegen, als Ihnen Ihr ungutes Bauchgefühl sagt: Es kann gut sein, dass die Sache gar nicht die vermeintliche Wichtigkeit für Sie persönlich oder Ihren

Tätigkeitsbereich hat. Seien Sie hier kritisch; Sie müssen und sollen sich nicht alles reinpauken.

Lernerfahrungen sammeln

Wenn Sie aber doch bei einem zukünftig wichtigen Thema noch nicht auf dem neuesten Stand sind, können Sie jetzt selbstbestimmt etwas dagegen unternehmen. Und sobald Sie Ihr erstes Selbstseminar abgehalten haben, kennen Sie sich und Ihr Vorgehen dabei noch besser und können für die Zukunft gut abschätzen, welche Inhalte Sie sich allein aneignen können. Erfahrung ist wertvoll, und Erfahrung im selbstwirksamen Lernen ist Gold wert, weil sie Ihnen die Gewissheit gibt, jederzeit durch ein bisschen Engagement einen Wissensvorsprung zu erreichen.

Beispiel KI-Grundlagen

Das Thema KI eignet sich bestens für ein Selbstseminar, und zwar aus folgenden Gründen:

- Das Web strotzt vor Content dazu.
- Sie möchten sich einen ersten umfassenden Überblick darüber verschaffen.
- Es ist ein Trendthema, über das viel gesprochen wird. Mit Ihren gewonnenen Erkenntnissen werden Sie glänzen können.
- Für Ihre Berufspraxis verspricht es diverse neue Erkenntnisse und Anwendungsmöglichkeiten.

Was Ihr Selbstseminar nicht kann: Sie zertifizieren

Es ist klar, soll aber hier einmal ausdrücklich gesagt sein: Sie werden kein Zertifikat erhalten. Natürlich können Sie sich eines schreiben – das macht ein bisschen Spaß, bringt aber nichts. Wenn Sie also ein solches brauchen, dann führt kein Weg an einem authentisierten Kurs vorbei.

Halten Sie die Augen offen nach möglichen Themen für ein Selbstseminar und entscheiden Sie frei nach persönlichem Interesse, zum Füllen von Wissenslücken oder ganz pragmatisch nach Bedarf im Job. Am besten funktioniert es, sich Basiswissen zu allgegenwärtigen Trendthemen anzueignen; wenn es ein populäres Thema ist, fällt die Recherche leichter. Allerdings: Ihr Selbstseminar kann weder ein Gruppenszenario ersetzen noch ein Zertifikat ausstellen. Und inhaltlich in die Tiefe gehen können Sie damit nur bedingt.

1.2 Zeitliche Planung

Es hört sich banal an, aber tatsächlich ist beim Durchführen eines Selbstseminars die größte Hürde – und ich behaupte sogar: die einzige echte Hürde – das unumstößliche Reservieren von festen Zeiten.

Um ein ergebnisstarkes Seminar abzuhalten, brauchen Sie **drei Zeitblöcke**:

1. Nehmen Sie sich für die Stoffsammlung, also die inhaltliche Vorbereitung, etwa **drei Stunden** Zeit.
2. Für den Seminartag blocken Sie je nach Thematik **fünf bis acht Stunden**.
3. Die Nachbereitung wird Sie wiederum für etwa **drei Stunden** in Anspruch nehmen.

Ich empfehle – wie es die Grafik zeigt –, diese Zeiteinheiten in drei aufeinanderfolgende Wochen zu legen. Insbesondere zwischen Seminartag und Nachbereitung sollten einige Tage vergehen, damit Sie das Gelernte ein wenig verdauen können. Die Informationen, die Sie beim Selbstseminar aufgenommen haben, bleiben eine Weile im Arbeitsgedächtnis und werden durchs Wiederholen und Überdenken dann ins Langzeitgedächtnis überführt. So haben Sie einen größeren Lerneffekt, merken sich das Erarbeitete besser.

Abb. 2: Gestaltung eines sinnvollen Zeitplans für die drei Seminarblöcke

Freie Zeitfenster nutzen

Manchmal ist es herausfordernd, drei aufeinanderfolgende Wochen mit freien Zeitfenstern zu finden. Manchmal gibt es aber auch Zeiten, in denen wir wissen, dass weniger ansteht: In vielen Branchen sind Flauten halbwegs kalkulierbar, genau wie es übers Jahr produktive Höhepunkte gibt. Nutzen Sie für Ihr Selbstseminar das Sommerloch, die Urlaubszeit oder das Saisonende. Stimmen Sie Ihren Zeitplan ggf. mit dem oder der Vorgesetzten ab.

Das Selbstseminar Vorgesetzten verkaufen

Apropos Vorgesetzte: Wenn Sie angestellt sind, können Sie sich natürlich nicht ohne Weiteres für ein Selbstseminar entscheiden, denn ohne Abstimmung wäre höchstens eine ziemlich ausufernde Recherche drin. Ihr Selbstseminar hat mehr Aufmerksamkeit verdient – ungeteilte nämlich, und die Gründe dafür werden Sie im Verlauf dieses Büchleins immer besser nachvollziehen können. Ihre Weiterbildung hat jedenfalls Priorität, weswegen Sie mit der Idee des Selbstseminars an die Teamleitung, die Chefin, den Boss herantreten. Bereiten Sie sich auf das Gespräch genauso gut vor wie auf alle Personalgespräche. Ich habe Ihnen als kleine Hilfestellung schon ein paar Argumente bereitgelegt, die Sie vorbringen können und die mit hoher Wahrscheinlichkeit eine Entscheidung zu Ihren Gunsten bewirken werden:

1. Legen Sie den Nutzen des Inputs ganz klar und praxisnah dar. Es muss nachvollziehbar sein, an welchen Stellen Sie damit in Ihrem Job ansetzen wollen und wozu. Erwähnen

Sie nicht nur, was Sie persönlich davon haben, sondern besser, warum das ganze Team profitiert.

2. Halten Sie ein konventionelles analoges Seminarangebot samt Liste der zu vermittelnden Inhalte bereit. Anhand dessen skizzieren Sie Ihre grobe Vorstellung des Selbstseminars. Hier ist es besonders fürs erste Mal notwendig, dass Sie in Vorleistung gehen und schon ein wenig der Vorbereitung vorweggenommen haben, denn eine Handvoll seriöse Quellen sollten Sie bereits vorzeigen können, um überzeugend zu sein.

3. Stecken Sie den Zeitaufwand klar ab, mit dem Sie rechnen, und zeigen Sie, dass er nicht höher ist als bei einem Fremd-Seminar (An- und Abreise gleich Vor- und Nachbereitung zum Beispiel). Erläutern Sie, wie Sie die Zeit freihalten möchten und wo Sie innerhalb der Arbeitszeit Ihre Seminar-Slots setzen.

4. Addieren Sie die Kosten des klassischen Seminars, das sie mitgebracht haben, einmal mit jenen für An-, Abreise und Unterkunft. Verdeutlichen Sie, dass hiervon rein gar nichts anfallen wird. Das Sparpotenzial ist enorm – bei einem Online-Seminar nicht ganz so groß, aber auch nicht zu vernachlässigen.

5. Kommen Sie am Ende noch einmal auf den praktischen Nutzen Ihrer neuen Fähigkeiten zu sprechen. Versetzen Sie sich in die Zukunft nach Ihrem Selbstseminar und teilen Sie Ihre genaue Vorstellung davon, wie sich Ihre Arbeit durch

die neuen Informationen und Skills verbessern, erleichtern und beschleunigen lässt.

Ich kann mir nicht vorstellen, dass eine andere als eine unterstützende Reaktion kommt. Falls doch – ich kann freilich hier nicht alle Spezialfälle antizipieren ... Sie kennen Ihr Arbeitsumfeld am besten. Toi, toi, toi!

Expertise einholen

Für den Tag der Stoffsammlung habe ich noch eine Idee, die Sie so früh wie möglich angehen sollten: Wenn es Ihr Netzwerk hergibt, verabreden Sie sich zum Lunch oder Kaffee mit einer Person, die Expertise auf dem Seminargebiet Ihrer Wahl vorweisen kann. Gezielte Fragen, die persönlich beantwortet werden, helfen Ihnen bei der Orientierung im Thema. Sie könnten gute Insider-Tipps für seriöse Quellen bekommen, schon erste Seminarinhalte notieren und Schwerpunkte in Betracht ziehen.

Außerdem ist ein persönliches Gespräch meist lohnend, und den Networking-Effekt gibt's gratis dazu: Ihr Gegenüber wird sich freuen, befragt zu werden und Ihnen zur Seite zu stehen.

Ein weiterer Vorteil: Beim nächsten Austausch mit der Fachperson werden Sie berichten, was Sie sich angeeignet haben – eine erneute Wiederholung für Sie und ein Ansporn, sich wirklich gewissenhaft mit der Thematik auseinanderzusetzen.

Die restliche Zeit dieses ersten Seminarblocks steht der Stoffsammlung online zur Verfügung – doch dazu mehr im Kapitel 1.3: Die Stoffsammlung.

Weiterbildung Priorität einräumen

Nehmen Sie sich und Ihr Anliegen nicht weniger wichtig, als würden Sie unter großem organisatorischem und finanziellem Aufwand zu einem Seminartag mit Fachleuten reisen. Es geht hier genauso um Ihre Potenzialentfaltung.

Blocken Sie die Zeiten, die Sie sich vorgenommen haben, in Ihrem Arbeitskalender. Und in Ihrem privaten Kalender. Und auf Papierkalendern, in Outlook, im Familien- und Küchenkalender – überall, wo etwas dazwischenkommen könnte. Das wird nämlich nicht passieren. Kein anderes To-do, kein neues, vielversprechendes Projekt, nicht mal ein Arzttermin wird Sie davon abhalten, Ihren Plan durchzuziehen. Denn Sie wissen genau, was Sie von Ihrem Selbstseminar haben: Er vermittelt Ihnen wertvolles Wissen, das Sie ab dem Tag danach in Ihrem Arbeitsalltag anwenden können. Es wird Ihnen über einen relevanten Themenbereich einen ausgezeichneten Überblick verschaffen, wodurch Sie Aufgaben besser erledigen können, in Gesprächen Eindruck machen und nebenbei Ihren Ruf verbessern.

Konsequent ins Tun kommen

Wenn Sie einmal das Wann unumstößlich festgelegt haben, ist Ihr Plan fixiert: Sie werden das durchziehen. Sie haben sich committed. Das ist so unheimlich wichtig, weil so viele Menschen daran scheitern, ihre Vorhaben umzusetzen. Vermeintliche Faulheit und Aufschieberitis sind oft genug einfach Motivationsprobleme. Davor schützen Sie sich, indem Sie felsenfest an Ihrem Ziel festhalten. Und zwar nicht nur jetzt, im Moment der Planung, sondern auch in den

Minuten, in denen Sie anfangen. Anfangen ist eine große Kunst. Kaum hat man angefangen, sich gedanklich in eine Sache vertieft, ist man direkt „in the middle of something", „in medias res".

Das heißt konkret: Schon wenige Sekunden nachdem Sie sich motiviert haben, ist alles halb so wild, Ihr Kopf ist glücklich darüber, etwas Spannendes zu tun zu haben. Die Leichtigkeit kommt von ganz allein. Das Durchziehen und Zeitnutzen ist die Kunst – deshalb habe ich der zeitlichen Planung ein ganzes Kapitel gewidmet.

Veranschlagen Sie für die Blöcke Ihres Selbstseminars ausreichend Zeit: für die Stoffsammlung drei Stunden, für den Seminartag fünf bis acht Stunden und für die Nachbereitung drei Stunden. Diese Zeiteinheiten planen Sie in drei aufeinanderfolgenden Wochen fest ein. Räumen Sie Ihrer Weiterbildung absolute Priorität ein und geben Sie ihr die Wichtigkeit, die ihr gebührt. Denn ins Tun zu kommen ist essenziell, und der Grundstein dafür ist das feste Vorhaben.

1.3 Die Stoffsammlung

Wir befinden uns in Woche 1, in Seminarblock 1, dem Tag der Stoffsammlung. Möglicherweise sitzen Sie gerade beim Lunch oder Kaffee mit einer Person, die Sie in die Thematik einführt, die Sie sich fürs Selbstseminar ausgewählt haben. Das kann ein ganz wunderbarer Anstoß für Ihr Vorhaben sein. Während dieses Austauschs lassen Sie sich inspirieren, nehmen bestimmt begeisterte Worte über Ihr Thema in sich auf und fassen gerade schon ein paar inhaltliche Schwerpunkte ins Auge. Die Notizen, die bei diesem Gespräch entstehen, sind der erste Ansatz für Ihre Stoffsammlung.

Zeitplanung im Vorfeld

Wenn Sie wieder am Schreibtisch sind, legen Sie sich zuerst das zeitliche Gerüst samt Pausen für Ihren Seminartag zurecht. Sie werden – wie bei einem konventionellen Seminar – mit einer Art Begrüßung beginnen, also einem Check-in für sich selbst, planen eine ausgiebige Mittagspause und mindestens eine Kaffeepause ein und werden mit Fazit, Fertigstellung Ihrer Notizen und einer kurzen Verabschiedung enden. (Ja, das ist mein voller Ernst – Sie werden schon sehen.)

Lernphasen planen

Während der restlichen Zeit geht es ans Eingemachte, an die fachlichen Inhalte. Planen Sie drei bis vier Lernphasen von 1 bis 2,5 Stunden ein, gern eine längere und zwei kürzere. Da wir zu Beginn eines Arbeitstages meist im Kopf noch ganz frisch und sehr aufnahmefähig sind, würde ich Ihnen empfehlen, mit einer langen Lerneinheit anzufangen. Nutzen Sie den morgendlichen Schwung und die gute Konzentration. Was Sie in dieser ersten Etappe schaffen, wird Sie von Anfang an zufrieden machen.

Die nächsten Lernblöcke können ruhig kürzer sein, wie im folgenden Beispiel. In diesen Lernphasen arbeiten Sie sich vom Allgemeinen zum Detaillierteren vor.

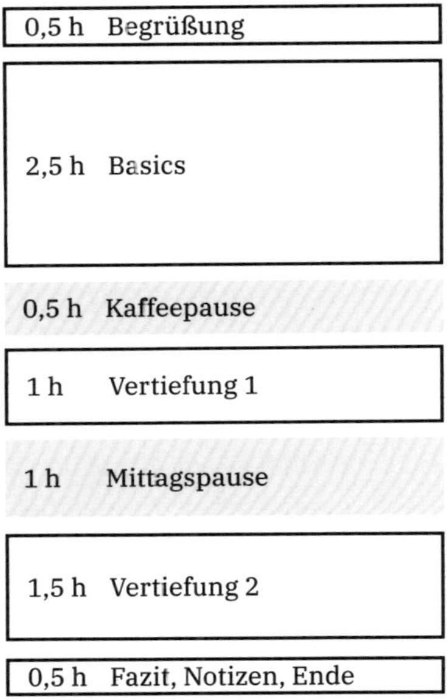

Abb. 3: Mögliches Zeitgerüst für ein Selbstseminar

PowerPoint-Vorlage

Erstellen Sie eine PowerPoint-Datei für Ihr Selbstseminar, die Sie während der Stoffsammlung, der Lernphase und der Nachbereitung weiter füllen. Ich habe dafür eine PowerPoint-Vorlage erstellt, die sich grob an den Ideen für unser KI-Grundlagen-Beispiel orientiert. Sie können Sie hier abrufen (Download startet mit Scannen des QR-Codes auf S. 25 bzw. mit Auswählen dieses Links: https://www.gabal-verlag.de/media/fs/28/PPT-Vorlage-zum-Thema-Selbstseminar.pptx)

Um Ihnen einen ersten Eindruck dieser Vorlage zu geben, sind hier beispielhaft einige Seiten daraus abgebildet:

weiss texte

00.00.2024

KI-GRUNDLAGEN SELBSTSEMINAR

BASICS

weiss texte

1.	Wikipedia: Artikel	20 Min.
2.	LinkedIn-Paper + Kommentare	20 Min.
3.	Podcast-Interview	35 Min.
4.	Blogeintrag	10 Min.
5.	YouTube „Wie geht KI?“	15 Min.
6.	Zeitungsartikel	10 Min.
7.	Spotify	15 Min.
8.	Wissenschaftlicher Artikel „Geschichte der KI“	25 Min.

insgesamt 150 Min. / 2,5 Stunden

– KAFFEEPAUSE –

30 Min.

VERTIEFUNG

weiss
texte

1. Fachartikel zu KI aus Ihrer Branche — 15 Min.
2. Grafik — 5 Min.
3. Audio-Interview — 20 Min.
4. Zeitungsartikel — 5 Min.
5. Off-Topic: Artikel mit KI-Bildergalerie — 5 Min.
6. Fachartikel — 10 Min.

insgesamt 60 Min. / 1 Stunde

– MITTAGSPAUSE –

1 Stunde

Platz für Notizen

weiss
texte

FOLLOW UP – 00.00.

weiss
texte

1. Notizen sortieren und in diese ppt einfügen — 30 Min.
2. E-Book „KI für Dummies“ querlesen — 60 Min.

PAUSE

1. Praxisideen testen: — 40 Min.
   1. Zeitmanagement mit KI
   2. Contenterstellung mit KI
2. To-do-Liste pflegen — 10 Min.
3. Theorie-Teil — 30 Min.
   1. Gesichtserkennung
   2. Deepfake
4. Orga-Erkenntnisse aufschreiben — 10 Min.

Insgesamt 180 Minuten / 3 Stunden

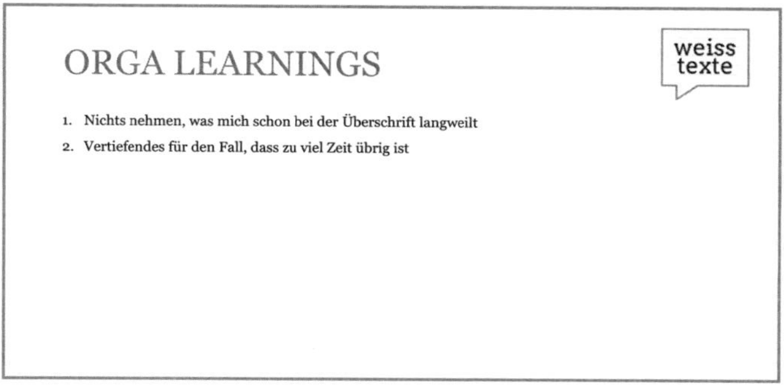

Die Überschriften und einzelnen Bulletpoints sind unvollständig und nur angelehnt an das Beispiel KI-Grundlagen, das sich durch dieses Büchlein zieht. Das Platzhalter-Logo ist mein eigenes als Texterin, Autorin und Lektorin. Ersetzen sie es durch Ihres, wenn Sie eines haben. Falls nicht, fügen Sie einfach einen motivierenden Button ein oder ein paar Memes.

Diese Datei wird den Wissensschatz verwahren, den Sie selbst gehoben haben. Benennen Sie sie nach dem Seminarthema und legen Sie sie in einem Ordner mit dem Namen „Selbstseminare“ ab. Ich empfehle PowerPoint, denn das versprüht ein wenig Seminarflair und lässt einem gar keine andere Wahl, als übersichtlich zu arbeiten, weil die Seiten keinen Platz für viel Chaos hergeben. Wenn Sie sich aber mit Word oder einem anderen Textprogramm wohler fühlen oder beispielsweise gern mit Miro arbeiten, geht das natürlich auch.

Gestalten Sie nun eine Startseite, ganz nach althergebrachtem Schema: Seminartitel, Seminarleitung (Sie selbst!), Datum. Auf der nächsten Seite halten Sie Ihren Zeitplan fest.

Wie kommen Sie an Ihre Lerninhalte?

Recherchieren Sie gewissenhaft online. Nehmen Sie dafür Ihre Notizen, die Sie sich während des Gesprächs mit Ihrem persönlichen Fachmenschen gemacht haben (vorausgesetzt, das war möglich), als Ausgangspunkt oder als Möglichkeit, inhaltlich weitere Pfade zu wählen und in Ihr Konzept zu integrieren. Es ist in jedem Fall wichtig, möglichst seriöse Quellen zu wählen. Halten Sie Ihre Recherche simpel, aber effizient. Am Anfang stehen die Grundbegriffe, und da sind Sie mit dem Wikipedia-Artikel für den Einstieg schon mal gut bedient. Suchen Sie dann online weiter: Zeitungsartikel und Fachartikel in Zeitschriften oder bei LinkedIn bieten oft einen ausgezeichneten Zugang zu einer Thematik, und auch bei Spotify und auf YouTube gibt es interessante Basis-Beiträge in Form von auditiven und audiovisuellen Quellen.

Um tiefer zu gehen, sollten Sie beispielsweise Google Scholar konsultieren, wo ausschließlich wissenschaftliche Werke zu finden sind, dazu Bibliotheken – vorerst nur online, damit Sie es sich nicht unnötig schwer machen. Hier werden Sie bestimmt fündig und können sich nützliche E-Books herunterladen sowie passende Buchbeschreibungen abspeichern.

Unterstützung von KI

Es kann hilfreich sein, sich von Künstlicher Intelligenz „beraten“ oder inspirieren zu lassen, um erste Ansätze zu finden. Das ist jedoch mit Vorsicht zu genießen. Ich möchte nicht ausdrücklich davon abraten, bei der inhaltlichen Seminarstruktur und Quellensuche auf die Hilfe von ChatGPT oder einer anderen KI zurückzugreifen. Erste Ideen und eine thematische Übersicht können Sie sich ruhig ausspucken lassen, denn das spart ein wenig Zeit. Allerdings sind die Antworten einer KI nicht abgesichert – aus diesem Grund würde ich nicht empfehlen, sich auch schon Inhalte zusammenschreiben zu lassen. Dass Künstliche Intelligenzen so schlau oft gar nicht sind, ist zur Zeit ein umfassendes Problem und für sich schon gefährlich genug. In unserem Fall entsteht das Dilemma einer Befragung von ChatGPT oder einem Konkurrenzprogramm aber noch tiefer. Was für einen kurzen fachlichen Überblick durchaus seine Berechtigung hat, führt das Selbstseminar nämlich ad absurdum: Denn hier geht es ja darum, sich selbst auf möglichst gewissenhafte Art etwas zu erarbeiten und dabei die guten Gefühle zu nutzen, die uns die Selbstregulation verschafft. Die eigene Arbeit – so paradox das vielleicht klingt – ist Ihre Belohnung. Warum genau, darauf komme ich im Theorieteil zu sprechen.

Inspirieren lassen

Bei der Recherche werden sich endlose Möglichkeiten und eine Menge Vorfreude entfalten. Finden Sie ein gutes Maß zwischen Konsequenz und Freiheit. Viele Ihrer Fundstücke werden wiederum auf verwendete Quellen hinweisen, wie allein schon der Wikipedia-Artikel. Stöbern Sie ruhig und holen Sie sich weitere Ansätze und Inspiration.

Ja – Inspiration! Es ist ja kein stupides, automatisiertes Herumklicken, was Sie da betreiben, sondern Sie interessieren sich für den Sachverhalt, sind neugierig und werden schon bei der Stoffsammlung vieles entdecken, was Sie reizt. Tauchen Sie ruhig ein in diese kleine Euphorie, lassen Sie sich mitreißen von der Hyperaktivität Ihrer Synapsen und bewahren Sie sich Ihre Lernlust für den Seminartag.

Unterthemen integrieren

Es kann sein, dass sich bei der Stoffsuche ein interessantes und für Sie relevantes Unterthema herauskristallisiert. Überraschend taucht eine Verbindung zu etwas auf, mit dem Sie sich bereits eingehend beschäftigt haben. Wenn Sie es als lohnend bewerten, planen Sie ruhig eine kurze Lerneinheit dafür ein. Lassen Sie sich ein wenig treiben in den Weiten des Netzes, ganz nach Ihrem Geschmack. Denn es ist Ihr Selbstseminar und Sie sollen gerne lernen. Was wir mit positiven Emotionen verknüpfen, das merken wir uns besser – darauf gehe ich im Theorieteil genauer ein. Verlieren Sie bei aller Freude aber natürlich nicht Ihr Ziel aus den Augen.

Erst mal nur sammeln

Und Achtung: Bleiben Sie während der Vorbereitung bei keiner Ihrer Quellen schon jetzt hängen, so spannend sie auch klingt! Kultivieren Sie stattdessen Ihre Vorfreude. Was weder Mehrwert noch Lernfreude verspricht, lassen Sie weg. Ihre ausgewählten Links speichern Sie nach und nach in der PowerPoint-Datei ab.

Art der Quelle variieren

Bringen Sie im nächsten Schritt Ihre Inhalte in eine sinnvolle Reihenfolge. Entscheidend: Wechseln Sie dabei die Art des Inputs ab. Langeweile gibt es nicht in Ihrem Selbstseminar – das ist die oberste Regel. Sie möchten Ihr Gehirn ja unterhalten und es gleichzeitig durch neue Erkenntnisse belohnen.

Wenn Sie Ihre Quellen in die passende Reihenfolge bringen, achten Sie deshalb auf Abwechslung:

⇨ Auf das Lesen des Wikipedia-Eintrags folgt beispielsweise ein 15-minütiger Interview-Podcast zum Thema.

⇨ Danach lesen Sie drei Artikel auf LinkedIn und alles, was in letzter Zeit zum Hashtag aufgetaucht ist.

⇨ Dann schauen Sie sich ein 20-minütiges YouTube-Video an, worauf der Blogartikel eines Fachprofis folgt.

Bearbeitungszeit angeben

So in etwa kann eine Lerneinheit aussehen. Schätzen Sie bitte vorher, wie lange Sie fürs Lesen, Anhören oder Anschauen jeweils brauchen, und notieren Sie die Schätzzeiten. Überfüllen Sie Ihre Lernphasen nicht und ordnen Sie die Inhalte thematisch und nach Tiefgang den Lerneinheiten zu.

Das Konzept steht

Auf diese Weise füllt sich Ihre Seminar-Datei nach und nach und Ihr Seminarkonzept wächst. Am Ende des ersten Seminarblocks, der der Stoffsammlung gewidmet ist, haben Sie vier bis fünf Seiten der PowerPoint-Präsentation beschrieben, die Ihr Gerüst veranschaulichen und Sie durch den Tag leiten werden.

Die fundierte Vorbereitung ist für ein gutes Selbstseminar entscheidend. Ich gliedere sie in folgende Schritte:

- **Die Themenwahl:** Suchen Sie sich ein Thema aus, das eine Wissenslücke bei Ihnen füllt, Sie besonders interessiert oder das Ihnen im Job weiterhilft. Besonders gut eignen sich Trendthemen, zu denen Sie sich Basiswissen aneignen wollen.
- **Zeitliche Planung:** Veranschlagen Sie drei Seminarblöcke: für die Stoffsammlung drei Stunden, für den Seminartag fünf bis acht Stunden und für die Nachbereitung drei Stunden an drei Tagen, die in drei aufeinanderfolgenden Wochen liegen. Diese Planung ist unumstößlich und hat für Sie jetzt absolute Priorität.
- **Die Stoffsammlung:** Erstellen Sie eine PowerPoint-Datei mit einer Titelseite und integrieren Sie Ihren groben Zeitplan. Nun suchen Sie online akribisch nach seriösen Quellen – fündig werden Sie auf Wikipedia, Google (Scholar), LinkedIn, Bibliotheksseiten etc. Fokussieren Sie sich auf Inhalte, die

Mehrwert und Lernfreude versprechen, und tragen Sie diese in Ihre PowerPoint-Datei ein. Danach bringen Sie sie in eine sinnvolle Reihenfolge – das heißt, wechseln Sie die Art der Medienwiedergabe ab (Text, Audio, Video). Damit ist Ihre Vorbereitung abgeschlossen und Sie können sich auf die spannenden Learnings des Seminartags freuen.

Wie kann ich mich psychologisch austricksen und meine Motivation steigern?

Seite 36

Auf welche Weise klappt es, gleichzeitig die Seminarleitung und die Teilnahme zu übernehmen?

Seite 40

Was tun, wenn am Seminartag alles anders läuft als geplant?

Seite 49

2. Der Seminartag

Es ist so weit: Sie werden Ihren ersten Seminartag für sich selbst leiten. Aufgeregt? Ein wenig Anspannung ist absolut in Ordnung – mehr noch: Verstärken Sie dieses Gefühl positiv. Je emotionaler Sie an die selbstwirksame Weiterbildung herangehen, desto mehr werden Sie vom Stoff behalten.

Das Wichtigste haben Sie bereits erledigt: sich vorbereitet. Jetzt geht es an den reinen Konsum – Sie erarbeiten sich ganz gemütlich die liebevoll zusammengestellten Quellen. Sie haben es heute in der Hand, dass Ihr Selbstseminar deutlich cooler wird als jedes konventionelle Seminar, das Sie je erlebt haben. Seien Sie gut und rücksichtsvoll zu sich selbst. Haben Sie Spaß, gönnen Sie sich Herausforderndes genau wie Pausen und gestalten Sie alles nach Ihrem Geschmack.

Falls Ihnen einige meiner Vorschläge zu albern vorkommen, ignorieren Sie sie getrost. Oder wenn Sie weiter darüber hinausschießen möchten – nur zu! Heute ist alles erlaubt, was Ihrer höchsteigenen Potenzialentfaltung dient. Genießen Sie diese Freiheit.

2.1 Der ideale Rahmen

Nachdem Sie bis hierhin gelesen haben, ahnen Sie es schon: Es geht beim Selbstseminar ein klein wenig auch darum, sich selbst psychologisch auszutricksen. Sie spielen Ihrem Gehirn den besten Tag aller Zeiten vor. Sie verschaffen sich möglichst viel Freude, um bessere Lernergebnisse zu erzielen.

Warum genau das klappt, darauf gehe ich im Theorieteil kurz ein. In diesem Kapitel hier sprechen wir über die Praxis, und zwar darüber, wie

☞... letzte Besorgungen den Tag verschönern,
☞... kleine Goodies für Seminarflair sorgen,
☞... volle Konzentration eintreten kann und
☞... wie Sie am besten in die Lernrolle finden.

Arbeitsplatz vorbereiten

Bereiten Sie wie an einem normalen Arbeitstag Ihren Schreibtisch vor. Er sollte zumindest halbwegs, gerne aber ganz aufgeräumt sein, alle elektrischen Geräte geladen, Kopfhörer sollten bereitliegen.

Kurz vor Seminarbeginn kümmern Sie sich um letzte Besorgungen, die den Tag auf angenehme Art abrunden. Orientieren Sie sich ruhig daran, was Sie bei einem externen Seminar erwarten würde: guter Kaffee, ein paar Snacks, Kuchen, ein ordentlicher Schreibblock, ein neuer Stift, vielleicht ein kleines Goodie.

Verwöhnmomente einplanen

Sich selbst sollten Sie anlässlich Ihres Selbstseminars diese nützlichen Dinge auch gönnen – ob kulinarischer oder organisatorischer Art. Ein kurzer Ausflug zum Bäcker morgens hat nicht nur den Vorteil, dass Sie ein frisches Stück Ihres Lieblingskuchens bekommen, sondern fühlt sich außerdem an, als würden Sie zum Seminar gehen. Kümmern Sie sich auch rechtzeitig um Ihr Mittagessen. Zusätzliche Arbeit neben dem Seminar ist heute nicht angesagt, kochen Sie also nicht – außer Sie empfinden eine halbe Stunde am Herd als erholsam. Stellen Sie ansonsten einen Wecker, um etwas zu bestellen, oder planen Sie genügend Zeit ein, um auswärts zu essen.

Belohnungen

Gönnen Sie sich eine kleine Besonderheit: Vielleicht haben Sie Lust, sich mit einem Ausmalbuch zu erfreuen, mit schönen Post-its, Themenservietten, Büroklammern oder einem neuen Brillenputztuch – bestimmt finden Sie etwas, das Ihnen während Ihres Seminartags Freude bereitet. Stellen Sie all diese Dinge zusammen und legen Sie sie bereit.

Seminaratmosphäre erzeugen

Der Hintergrund dieser Spielerei ist ein durchaus ernsthafter: Sie möchten echtes Seminarflair erzeugen. Und das – Sie kennen es – besteht immer auch aus kleinen Aufmerksamkeiten und reichlich Pausen für die Teilnehmenden. So angenehm das ist, so sehr hilft es Ihnen, Ihr eigenes Seminar für voll zu nehmen und nach der langen Recherche nun in die Rolle des oder der Lernenden zu finden.

Volle Konzentration garantieren

Und zwar zuallererst dadurch, dass Sie Ihr Handy in den Flugmodus schalten. Die Stoppuhr, die Sie brauchen werden, funktioniert auch so, und alles andere verbieten Sie sich für die Lernphasen. Andernfalls wäre die Seminarleitung bestimmt schnell ungehalten, und das kann unangenehm werden, wie Sie selbst am besten wissen ...

Auch andere potenzielle Störfaktoren schalten Sie rechtzeitig aus:

- Die Kinder sind betreut.
- Ihre Umgebung ist aufgeräumt.
- Die Wäsche ist abgehängt.
- Das Festnetztelefon zu Hause (falls Sie, so wie ich, ganz altmodisch noch eines besitzen) läuft auf den Anrufbeantworter, Ihr Arbeitstelefon ist auf ein Teammitglied umgeleitet.
- Egal, ob Sie im Büro sind, in der WG oder im Einfamilienhaus, schreiben Sie einen Zettel, abgestimmt auf Ihren Zeitplan: „Bin heute im Selbstseminar, bitte nicht stören! Nur in dringenden Fällen erreichbar zwischen 12:00 und 13:30."

Nichts soll Ihre Gedanken auf Dinge lenken, die sonst noch zu tun wären und weniger intellektuellen Aufwand bedeuten oder sichtbarere Ergebnisse bringen.

Innere Ruhe erzeugen

Neben den äußeren Ablenkungen sollen natürlich auch innerlich möglichst wenige stören. Wenn Sie sich nicht sowieso schon während der letzten Tage durch die gute Vorbereitung und den netten Rahmen in einem gelassenen, stressfreien Geisteszustand befinden, streben Sie danach.

Nehmen Sie sich morgens genügend Freiraum, um in puncto Wohlbefinden Ihren Idealzustand herzustellen. Dazu sollten Sie vor Seminarbeginn zeitliche Puffer einbauen, um sich wirklich für Ihren Lerntag bereit zu machen. Tun Sie etwas Beruhigendes oder meditieren Sie und schaffen Sie innerliche To-dos aus dem Weg, indem Sie sie aufschreiben und beiseitelegen.

Ablenkung in den Pausen

In den Pausen, die Sie sich selbst verordnen, ist Ablenkung hingegen nicht nur erlaubt, sondern sogar erwünscht: Spülen Sie kurz, gießen Sie die Blumen, klären Sie schnell eine Anfrage am Telefon. Tippen Sie von mir aus sogar ein paar Nachrichten oder scrollen Sie durch Instagram – allerdings nur, wenn Sie Ihre Bildschirmzeit dadurch nicht allzu sehr verlängern (z. B. nachdem Sie eine ganze Weile zuhörend gelernt haben).

Begrüßung und Verabschiedung

Zu Seminarbeginn und am Ende halten Sie sich wieder an das Spaß- oder fast schon Quatsch-Prinzip: Fingieren Sie eine kleine Begrüßung und eine Verabschiedung. Die Titelseite Ihrer PowerPoint-Präsentation „verrät" Ihnen, worum es heute geht und wer das Seminar veranstaltet. Lesen Sie die Worte aufmerksam durch, ganz als seien diese etwas völlig Neues für Sie.

Am Ende des Seminars fügen Sie Ihrer Datei noch eine Folie hinzu und tippen so etwas wie: „Danke für die Aufmerksamkeit! Viel Freude und Erfolg mit dem Gelernten." So beglückwünschen Sie sich zum Absolvieren des Tages und geben sich unterschwellig einen Appell mit auf den Weg – den Sie freilich in Ihrer Planung mit der Nachbereitung längst vorweggenommen haben. Aber hier geht es einfach mal um die Fassade.

Bevor Ihr Seminar losgeht, kümmern Sie sich um Kleinigkeiten, die den Tag abrunden und für Seminarflair sorgen – die kulinarische Versorgung und kleine Goodies für Sie. Räumen Sie dann alle inneren und äußeren Störfaktoren aus dem Weg (vor allem das Handy!) und garantieren Sie sich so volle Konzentration. Zu Seminarbeginn und am Ende fingieren Sie Begrüßung und Verabschiedung, um in die Lernrolle zu finden.

2.2 Die Durchführung

Die Begrüßung haben Sie mit Pokerface hinter sich gebracht, sehr gut. Und wenn Sie dabei grinsen mussten, ist das natürlich auch in Ordnung, denn Spaß darf sein. Jetzt wird es etwas ernster, denn es folgt die erste Lernphase. Vielleicht sogar die längste, denn Sie sind jetzt im Kopf noch ganz frisch. In der PowerPoint-Präsentation haben Sie die Links gesammelt, ein Notizblock plus Stift liegen bereit. Es kann losgehen.

Das Selbstseminar ist bewusst so aufgebaut, dass die Durchführung jetzt ohne Hürden vonstattengehen kann. Deshalb fällt dieses Kapitel gar nicht so lang aus. Und trotzdem gibt es ein paar Dinge zu beachten.

Konzentriert arbeiten

Widmen Sie sich Ihren Lerninhalten mit voller Konzentration, denn das sind Sie sich selbst und Ihrer guten Vorbereitung schuldig. Sie kennen das bestimmt aus dem Fremd-Seminar: Die vortragende Person ist Ihnen sympathisch, also möchten Sie ihr das Unterrichten möglichst leicht machen, sind ruhig und aufmerksam. Ganz genau so verhält es sich im Selbstseminar: Wertschätzen Sie die Vorarbeit, die Sie selbst geleistet haben, indem Sie sich beim intellektuellen Aufnehmen Mühe geben.

Auf Entdeckungsreise gehen

Genießen Sie bewusst das Gefühl des Entdeckens. Sie haben sich Quellen ausgesucht, die Sie ansprechend fanden und auf die Sie Lust hatten. Details sind Ihnen gewiss nicht im Kopf geblieben oder erst gar nicht ins Auge gesprungen. Über diese dürfen Sie sich jetzt freuen, während Sie alles genau studieren: Lassen Sie sich Ihre Wissenshappen auf der Zunge zergehen, die Sie so bedacht ausgewählt haben.

Mit den Grundlagen geht es los – ein paar Begrifflichkeiten sind eventuell zu klären, dann folgt das Basiswissen über Wikipedia.

- Pause. -

Augen schonen

Es ist wichtig, dass Sie nicht zu lange am Stück auf den Bildschirm starren. Dadurch werden nämlich die Augen müde, und diese brauchen Sie für einen Großteil des Seminartags zum Schauen und Lesen. Müde Augen erfassen Text besonders schlecht – und es ist logisch, dass damit das Gelesene dann vielleicht gesehen, aber nicht verstanden wird. Es reichen also nicht nur die längeren von Ihnen eingeplanten Pausen, sondern Sie sollten zusätzlich nach jeder kleinen Lerneinheit fünf Minuten Pause einlegen, um die Augen zu entspannen, in die Ferne zu schauen oder sie mal ganz zu schließen. Nach jedem einzelnen Bulletpoint aus dem Kasten zum KI-Beispiel, der gleich folgt, sollte eine solche Mini-Pause stattfinden.

Beispiel Seminarprogramm

Anhand unseres KI-Beispiels möchte ich illustrieren, wie ein Selbstseminar thematisch aussehen könnte. Allerdings haben Sie zum Erscheinungsdatum dieses Buches nichts davon, wenn ich Ihnen jetzt, beim Schreiben, die heute aktuellen Quellen nenne; gerade im Bereich KI kommen ja täglich interessante Artikel, Betrachtungen und Erkenntnisse hinzu, von neuen Programmversionen ganz zu schweigen. Deswegen wähle ich fiktive Quellen, die lediglich abbilden, wie das Seminarprogramm ungefähr aussehen könnte. Etwas weniger konkret sind diese auch in der PowerPoint-Vorlage angeführt. Beim groben Aufbau halte ich mich an die Vorlage in Abbildung 2 (siehe Seite 17).

Beispiel KI-Grundlagen

Seminarprogramm
Begrüßung

Lernphase 1 „Basics“
- Wikipedia-Artikel „Künstliche Intelligenz“ + spannend klingende weiterführende Links
- LinkedIn-Paper „KI in der Arbeitswelt“ + ausgewählte Profikommentare
- LinkedIn-Beiträge zu #KI
- Podcast-Interview: KI-Profi und ein Fachmensch aus Ihrer Branche
- Blogeintrag „How to Increase Your Sales with KI“
- YouTube-Video „Wie geht KI?“ über Bilderstellung
- Zeitungsartikel „DeepL – KI-Übersetzungen vom Start-up-Überflieger aus Köln“
- Spotify „Come funziona ChatGPT quando si scrive?“ über Texterstellung
- Wissenschaftlicher Artikel „Geschichte der KI“

Kaffeepause

Lernphase 2 „Vertiefung: Ihr Fachgebiet“
- Fachartikel zu KI in Ihrer Branche
- Übersichtliche Grafik mit To-dos für den Einstieg
- Ausführliches Audio-Interview zu praktischen Anwendungsbereichen für Ihr Fachgebiet
- Zeitungsartikel über eine Thematik oder Problemstellung, die mit Ihren Aufgaben verwandt ist
- Off topic: Artikel mit Bildergalerie „AI and art scandals“
- Fachartikel „Perfect Prompting for ChatGPT“

Mittagspause

Lernphase 3 „Vertiefung: Best Practices“

- YouTube: Beispiel aus Ihrer Branche
- TED-Talk „Il mio grande successo nell‘AI“ von jemand Branchenfremdem als Inspiration
- Zeitungsartikel mit fünf herausragenden KI-Erfolgsstorys
- Spotify: „Why there is no future without AI“
- Artikel: „How to start with AI – 5 golden keys to better time management and content with AI“

Kaffeepause

Fazit, Notizen, Ende

Abwechslung ist das Gegenteil von Langeweile; geben Sie Ihrem Hirn, was es braucht.

Hier folgen noch ein paar grundlegende Tipps zum Lernablauf:

1. Variieren Sie die Medienart, sooft es geht.

Wir haben es schon kurz angeschnitten, aber es ist essenziell: Ihr Gehirn freut sich auch über unterschiedliche Arten der Informationszufuhr – also auditive und audiovisuelle statt ausschließlich textliche Infos. Glauben Sie mir, gäbe es allgemeingültige Möglichkeiten, über Sensorik, Schmecken oder Riechen zu lernen, würde ich sie hier anführen. In seltenen Ausnahmefällen geht das ja sogar – wenn Sie in der Kulinarik, Botanik oder im Wellness- und Fitnesssektor tätig sind. Bei Schreibtischjobs allerdings kommen wir da nicht weit. Sollten Sie aber dafür Ideen haben – unbedingt einbauen! Nutzen Sie diese Chance.

2. Verändern Sie öfter die Position.

Wenn Sie die Möglichkeit haben, vorm PC zu stehen, tun Sie das unbedingt, denn damit sind Sie agiler und es erfrischt den Kopf. Außerdem sind Sie ja im Hintergrund immer noch in der Rolle der verantwortlichen Person, was sich im Stehen deutlich besser visualisieren lässt.

Wenn Sie Podcasts hören, drehen Sie währenddessen eine kleine Runde, legen Sie sich auf den Teppich oder aufs Sofa, stricken Sie oder kraulen Sie ausführlich Ihr Haustier, wenn Sie eines haben. Es ist alles erlaubt, was Ihnen guttut und Sie dennoch nicht vom Thema ablenkt.

3. Sie beherrschen mehrere Sprachen? Wunderbar, wechseln Sie ab.

Sie sind vielleicht schon beim Betrachten meiner beispielhaften KI-Lerneinheiten stutzig geworden, denn ich habe hier Beiträge in verschiedenen Sprachen erfunden und genannt. Wenn Sie unterschiedlicher Sprachen mächtig sind, ist das ein starkes Instrument. Nutzen Sie es in Ihrem Selbstseminar und wechseln Sie die „Unterrichtssprache“. Ihr Kopf arbeitet dann anders, assoziiert anders, hat vielleicht besonders Freude, wenn Sie sich unterbewusst in einen schönen Italien-Urlaub zurückversetzt fühlen.

Selbst jemand mit starkem Akzent, dem Sie bei seinen Ausführungen zum Thema zuhören, ist schon Gold wert, weil das auditiv eingängig ist und schlicht gesagt besser hängen bleibt. Ein solches Hörerlebnis kann ganz neue gedankliche Verbindungen und Ideen auslösen. Aus diesem Grund habe ich die Möglichkeit anderssprachiger Beiträge – sowohl in schriftlicher als auch auditiver und visueller Form – in meinem fiktiven KI-Beispiel bereits berücksichtigt.

4. Beachten Sie außerdem Ihre leistungsstarken Zeiten.
Möglicherweise ist es sinnvoll, nach dem Mittagessen eher leicht Verdauliches auf den Seminarplan zu setzen – wie im KI-Beispiel die Best Practices, wo man es meist mit Storytelling zu tun hat. TED-Talks bieten sich hier an, denn die sind oft so schön seicht. Am frühen Nachmittag würde ich persönlich etwa keine wissenschaftlichen Abhandlungen von epischen Ausmaßen lesen wollen. Selbiges gilt natürlich für den frühen Abend oder frühen Vormittag oder späten Vormittag – je nach Chronotyp, sprich: Ihrer inneren Uhr.

Wenn Sie bereits in der Planung darauf achtgegeben haben, super. Ganz leicht kann es aber passieren, dass Sie einen Inhalt falsch eingeschätzt haben und er Sie doch mehr anstrengt, als Sie dachten. Oder dass umgekehrt etwas zu anspruchslos ist und Sie schon nach wenigen Momenten langweilt. Scheuen Sie sich nicht, dann Ihre Inhalte spontan neu zu arrangieren. Dazu im folgenden Kapitel mehr.

5. Schreiben Sie mit, um für sich persönlich aus diesem Seminartag alles rauszuholen.
Sie haben Ihren Notizblock parat, also notieren Sie alles, was für Ihren Arbeitsalltag in der Praxis spannend sein

könnte. Leiten Sie To-dos ab und halten Sie stichwortartig fest, was Sie über den heutigen Tag hinaus interessiert. Außerdem ist Kritzeln ausdrücklich erlaubt: Zeichnen Sie in Ihren Block oder Ihr Ausmalbuch, wenn Ihnen das gefällt und Ihnen beim Denken hilft. Wenn Sie eine nützliche Zusammenfassung oder Grafik entdecken, kopieren Sie diese einfach für den persönlichen Gebrauch in Ihre PowerPoint.

6. „Fazit, Notizen, Ende" bedeutet konkret, dass Sie während der letzten produktiven Phase Ihre Aufzeichnungen ins Reine bringen und in die PowerPoint übertragen. So haben Sie weiterhin alles an einem Fleck. Dadurch, dass Sie das Niedergeschriebene einmal komplett durchgehen, lassen Sie Ihren Seminartag im Zeitraffer noch einmal Revue passieren und gewinnen einen abschließenden Überblick. Ihre zentrale Fragestellung dabei lautet: „Was nehme ich vom heutigen Tag für meine Arbeit konkret mit?" Versuchen Sie, diese so gut wie möglich zu beantworten.

Sie digitalisieren Ihre handgeschriebenen Notizen, bringen sie in eine sinnvolle Reihenfolge und heben hervor, was Ihnen besonders wichtig ist. Gleichzeitig wird sich für andere Vermerke eventuell eine Seite mit Brainstorming, einer Mindmap oder einfach einer Off-Topic-Liste ergeben. Eine Seite für „Weiterführendes" und eine für „To-dos" sind ein Muss, denn damit arbeiten Sie in der Nachbereitung. Behandeln Sie diese beiden besonders sorgfältig.

7. Die allerletzte Folie ist etwas ganz Besonderes. Hier ist Platz für einen kleinen Dank an Sie selbst, schriftlich festgehalten.
Ich habe schon erwähnt, dass Sie hier eine floskelartige Verabschiedung mit kleinem Appell unterbringen können. Das ist gut, es geht aber noch mehr, sofern Sie Lust darauf haben. Vielleicht schreiben Sie: „Vielen Dank für dein Engagement und deine Disziplin! Du hast nicht nur tollen Input und Motivation für die nächsten Schritte mitgenommen, sondern auch eine Menge Geld gespart – sehr gut gemacht!" Toben Sie sich hier bitte aus, das ist Ihr gutes Recht bei all der tollen Vorarbeit. Zollen Sie sich Respekt, danken Sie sich für den „Vortrag" und die guten, seriösen Quellen.

Von der anderen Seite her, aus Ihrer Seminarleitungs-Perspektive, kosten Sie die Wertschätzung fürs Mitmachen aus. Je positiver Sie diesen Dank zum Schluss gestalten, desto zufriedener und motivierter gehen Sie aus dem Seminartag raus.

All diese kleinen Strategien nutzen die Vorteile und Flexibilität des Selbstseminars. Dank denen kann heute vieles deutlich besser gelingen als im Fremd-Seminar.

Die Durchführung Ihres Selbstseminars sollte ohne Hürden vonstattengehen und einige Vorteile gegenüber dem Fremd-Seminar nutzen: Starren Sie nicht zu lange auf den Bildschirm, beachten Sie Ihre leistungsstarken Zeiten und geben Sie Ihrem Hirn Abwechslung durch Varianz im Medienkonsum, unterschiedliche Sprachen, Wechsel der Körperhaltung. Schrei-

ben Sie mit und bringen Sie Ihre Notizen am Ende ins Reine und gut sortiert in die PowerPoint-Datei. Auf der allerletzten Folie ist Platz für einen kleinen Dank an Sie selbst.

2.3 Flexibel bleiben

Sie kennen es bestimmt von konventionellen Seminaren: Da gibt es zwischen den spannenden Inhalten, die Sie sich erhofft hatten, mit Sicherheit auch einige Minuten des Vortrags, die Ihnen langweilig oder unnütz erscheinen, ausufernde Fragen anderer Teilnehmender oder einen Exkurs zu einem Thema, das Sie so gar nicht betrifft und betreffen wird, geschweige denn interessiert. Da heißt es im Fremd-Seminar dann Durchatmen und Durchhalten.

Im Selbstseminar bleibt Ihnen das erspart. Und das liegt nicht daran, dass Ihre Quellen so hervorragend sind – im Gegenteil. Sie konnten bei Ihrer Recherche ja gar nicht alle Inhalte gewissenhaft prüfen; nur nach Titel und den ersten Sätzen haben Sie ausgewählt. Da ist naturgemäß also so mancher Fehlgriff dabei.

Mut zum Aussortieren

Dass Sie während Ihres Seminartages irgendwo reinlesen, -hören oder -schauen und Enttäuschung verspüren, ist ganz normal. Aber: Sie quälen sich nicht durch den Artikel, der erst gut klang, Ihnen jetzt aber substanzlos vorkommt. Sie hören sich den Podcast nicht weiter an, in dem die Sprechenden nicht zum Punkt kommen. Und Sie werden mitnichten ein YouTube-Video absitzen, das am Ende doch von etwas ganz anderem handelt, als es erst den Anschein machte. Es überfallen Sie in diesem Moment ähnliche Gedanken wie im Fremd-Seminar in den oben erwähnten Situationen: Wie lange soll das denn jetzt gehen? Braucht doch kein Mensch. Viel sinnvoller und interessanter wäre es doch, jetzt ...

... und hier steigen Sie im Selbstseminar aus, wo es nämlich kein Leiden gibt, kein Sich-Fügen. Sie setzen sich mit nichts auseinander, das Sie langweilt und nicht zweckdienlich ist. Was nervt, kommt weg, kompromisslos – so einfach ist das. Nutzen Sie Ihre Autonomie und Flexibilität. Sie haben selbst das Sagen und schmeißen während des Seminars Content-Nichtsnutze kurzerhand aus dem Programm. Wer nicht performt, muss gehen, da bleiben Sie hart.

Beispiel KI-Grundlagen
Flexibel bleiben

Ihre Planung sieht in der dritten Lernphase folgende Punkte vor:

- Übersichtliche Grafik mit To-dos für den Einstieg
- Zeitungsartikel über eine Thematik oder Problemstellung, die mit Ihren Aufgaben verwandt ist

Nun stellt sich heraus:
1. Die Grafik ist doch nicht so übersichtlich. Starten Sie die Google-Suche erneut und wählen Sie eine bessere – das ist eine Sache von drei Minuten.
2. Der Zeitungsartikel handelt nur am Rande von der Problemstellung, die Sie interessiert. In dieser Nische weiterzusuchen, sprengt aber den Rahmen, das merken Sie schnell. Setzen Sie das Thema auf Ihre To-do-Liste für die Nachbereitung und machen Sie unbeeindruckt weiter.

Statt Frust in Kauf zu nehmen, öffnen Sie damit Raum für Neues, Spannendes, Befriedigendes. Prüfen Sie, wo der neue Content am besten in Ihr Programm passt, und fügen Sie ihn an dieser Stelle in Ihrer PowerPoint-Datei dem Seminarablauf hinzu.

Neue Erkenntnisse nutzen

Wenn Sie jetzt denken, das hätte man ja von Anfang an so planen können, muss ich Ihnen widersprechen: Während der Stoffsammlung waren Sie noch nicht im Thema. Sie haben an einer Oberfläche recherchiert, unter die Sie heute immer tiefer tauchen. Wo es bestimmt so einige Untiefen gibt, mit denen Sie nicht gerechnet hätten, genau wie dunkle, verheißungsvolle Gräben und Höhlen, die zu erforschen Sie sich erlauben dürfen. Ihre Lernkurve heute ist steil, also nutzen Sie die neu gewonnenen Einblicke, um Ihr Seminarprogramm noch vielfältiger und nutzbringender zu gestalten. Immer, wenn sich durch eine Streichung wieder ein Zeitfenster öffnet, füllen Sie es direkt wieder.

Nicht verzetteln

Was nun, wenn Ihnen so viel Interessantes unterkommt, dass der Tag zu lang werden würde? Gruppieren Sie thematisch und nehmen Sie sich für die Nachbereitung alles vor, was sich zeitlich und thematisch dafür eignet. Alles andere wird kurz vorgemerkt, um nicht vergessen zu werden. Denn leicht kann es passieren, dass Sie vor lauter Begeisterung plötzlich ganze Fachbücher lesen möchten oder sich ein völlig neues Gebiet eröffnet hat, das an

Ihr gewähltes anschließt und ebenso spannend für Ihren Tätigkeitsbereich ist. Legen Sie diese Einfälle bitte erst mal beiseite, selbst wenn Sie Lust haben, direkt das nächste Selbstseminar zu planen. Das dürfen Sie ja tun, aber erst nach diesem.

Wechselspiel aus Flexibilität und Strenge
Sie erlauben sich so viel wie möglich – aber immer konsequent im Rahmen dessen, was Sie heute erreichen möchten. Behalten Sie das immer im Blick und lassen Sie sich nur innerhalb Ihrer vorher festgesteckten Grenzen thematisch treiben.

Ihr Seminartag wird erfolgreich, wenn Sie drei Dinge beachten:

- **Der ideale Rahmen:** Kulinarische Kleinigkeiten und Goodies machen Freude und sorgen für Seminarflair. Stellen Sie Störfaktoren ruhig (das Handy!) und garantieren Sie sich so volle Konzentration. Fingieren Sie Begrüßung und Verabschiedung, um gut in die Lernrolle zu finden.
- **Die Durchführung:** Gestalten Sie Ihr Selbstseminar reibungslos und nutzen Sie Vorteile im Vergleich zum Fremd-Seminar: Richten Sie sich nach Ihren leistungsstarken Zeiten und erfreuen Sie Ihr Hirn durch Varianz im Medienkonsum, unterschiedliche Sprachen, Wechsel der Körperhaltung. Machen Sie Notizen, bringen Sie diese ins Reine und gut sortiert in die PowerPoint-Datei. Bedanken Sie sich auf der letzten Seite bei sich selbst.

- **Flexibilität:** Ihr Selbstseminar ist ein Wechselspiel aus Strenge und Flexibilität. Da nicht all Ihre Inhalte halten, was die kurze Recherche versprochen hat, kommt alles weg, was nervt – kompromisslos. Damit öffnen Sie Raum für Spannenderes. Gruppieren Sie den Zusatzstoff thematisch für die Nachbereitung und einen anderen Termin.

Was muss ich tun, damit die Seminarinhalte nicht versickern?

Seite 56

Kann mir das erarbeitete theoretische Wissen wirklich weiterhin nutzen?

Seite 59

Durch welche Schritte werde ich bei der Seminarleitung noch versierter?

Seite 61

3. Nachbereitung

Einige Tage sind inzwischen vergangen. Nachdem Sie das Selbstseminar zufrieden abgeschlossen haben, denken Sie gerne daran zurück. Das Gelernte kann sich nebenbei bereits etwas festigen.

Wir kommen jetzt – im dritten Seminarblock – zu etwas, das das Selbstseminar besonders wertvoll macht: Sie bereiten das Erarbeitete nicht nur gründlich nach, sondern picken sich für Praxis und Theorie das Wichtigste heraus. So gewährleisten Sie, dass von Ihrem Seminartag nichts Wesentliches versickert.

Bei konventionellen Weiterbildungsveranstaltungen erhält man neben dem Skript meist Unterlagen, die deutlich über den Vortragsstoff hinausgehen. Im Nachgang packt man diese dann oft weg und nimmt sie nie wieder zur Hand. Die Gründe dafür: keine Zeit und keine Motivation. Das wird Ihnen beim Selbstseminar ganz sicher nicht passieren. Die Motivation ist intrinsisch und gut spürbar (stimmt's?), die Zeit dafür bereits reserviert.

Außerdem möchten Sie ein paar Erkenntnisse für Ihr nächstes Selbstseminar mitnehmen, um beim Organisieren besser zu werden und noch mehr Freude beim eigenverantwortlichen Lernen zu haben.

3.1 Die erste Praxisphase

„Nachbereitung" klingt nicht besonders reizvoll, oder? Irgendwie nach Wiederkäuen. Aber sobald wir uns der Praxis zuwenden, wird es interessant: Gewiss haben Sie aus Ihrem Selbstseminar viel für Ihren Berufsalltag mitgenommen – Dinge, die Sie direkt anwenden wollen, neue Strategien oder Tools. Das würzt die Nachbereitung. Freuen Sie sich schon mal darauf.

Mitschrift durchlesen
Sie haben so viel Mühe in Ihr Exzerpt fließen lassen, da sollten die ersten Minuten dessen Nachbereitung gelten. Achten Sie beim Durchlesen schon ganz genau darauf, was Sie aus dem Seminar konkret in Ihr Tun im Job überführen möchten. Das alles kommt auf die Folie „To-dos" und wird noch heute teilweise in der Praxis getestet.

Sofort in die Umsetzung gehen
Dass Sie schon am Tag der Nachbereitung zur Umsetzung schreiten, ist eine geheime Superkraft des Selbstseminars – der wirksamste Schutz, damit Ihre Learnings nicht verloren gehen. Denn was Sie heute einmal ausprobiert und für gut befunden haben, kommt auf die To-do-Liste für den Arbeitsalltag; Sie bringen es damit in einen situativen Kontext.

Ideen sammeln
Die folgenden Schritte, die alle am heutigen Tag passieren, garantieren Ihnen demnach, dass nichts Praxisrelevantes versickert:

1. Sammeln Sie Ihre Praxisideen innerhalb Ihrer PowerPoint auf einer eigenen Folie.
2. In der ersten Praxisphase testen Sie Ihre Ideen, soweit möglich – beispielsweise mit einem ersten Testlauf oder für ein klar abgesteckktes Thema.
3. Setzen Sie brauchbare Praxisideen auf Ihre allgemeine To-do-Liste.

Wenn Sie demnächst Ihre To-dos abarbeiten, werden Sie nach und nach auf Ihre neuen Praktiken stoßen und diese in Ihren Arbeitsalltag integrieren.

Beispiel KI-Grundlagen
Nachbereitung – Praxis

Am Seminartag haben Sie den Artikel „How to start with AI – 5 golden keys to better time management and content with AI“ gelesen und notiert, dass Sie diese fünf goldenen Schlüssel ausprobieren möchten.

1. Als Praxisideen landen die Stichworte „Zeitmanagement mit KI“ und „Contenterstellung mit KI“ auf Ihrer PowerPoint-Seite für die Nachbereitung.
2. Sie prüfen die Ideen:
   a) Für ein anstehendes Projekt lassen Sie sich von ChatGPT einen Zeitplan ausspucken, wobei Sie sich beim Vorgehen und Prompting nach den fünf goldenen Regeln richten. Sieht gut aus.
   b) Für die Contenterstellung starten Sie einen kurzen Versuch mit ChatGPT für einen fiktiven Blogeintrag. Noch mangelhaft.
3. Waren diese Praxisideen brauchbar? Notieren Sie „Zeitmanagement mit KI“ auch fürs nächste Projekt oder speichern Sie Ihren Zeitplan als positives Beispiel ab. Setzen Sie „Contenterstellung mit KI“ für demnächst auf Ihre To-do-Liste. Ohne natürliche Intelligenz sollte hier zwar nicht gearbeitet werden, aber das KI-Ergebnis kann auf alle Fälle noch verfeinert werden. Damit werden Sie sich bei nächster Gelegenheit intensiv auseinandersetzen.

Beim konsequenten Abarbeiten der To-dos und beim Integrieren Ihrer neu entdeckten Strategien oder Tools kann ich Sie leider nicht begleiten. Aber ich verlasse mich darauf, dass Sie Lust haben, das Erarbeitete auch anzuwenden – immerhin war das von Anfang an Ihr erklärtes Ziel, das Sie weiterhin fest im Blick haben.

Bestätigung einholen

Hierzu noch ein kleiner Tipp am Rande: Um sich nicht ausschließlich auf Ihre innere Motivation zu verlassen (wobei die natürlich unschlagbar ist), arbeiten Sie zusätzlich mit Bestätigung von außen. Sie erzählen ja einigen Menschen – dem Kollegen, der Chefin – von Ihrem Selbstseminar und dessen Zweck. Um nun abschließend berichten zu können, welche sehr greifbaren Anwendungsfälle Sie daraus mitgenommen haben, müssen Sie solche erst entstehen lassen. Und das erhöht Ihre Erfolgsquote.

Lesen Sie sich die Notizen durch, die Sie während des Seminars gemacht haben. Dann gehen Sie direkt in die erste Praxisphase:

- **Sie sammeln Praxisideen innerhalb Ihrer PowerPoint auf einer eigenen Folie.**
- **Sie probieren in einem ersten Testlauf aus, wie nützlich die Ideen sind.**
- **Brauchbare Praxisideen setzen Sie auf die allgemeine To-do-Liste für Ihre tägliche Arbeit.**

3.2 Tief in die Theorie einsteigen

Da Selbstseminare ganz nach dem eigenen Geschmack und Ihren individuellen Bedürfnissen gestaltet werden, stehen vermutlich meistens die Praxis und der echte Nutzen für den Berufsalltag im Vordergrund. Wenn Sie aber abseits davon bei einem Thema Blut geleckt haben oder sich einfach gerne Wissen aneignen, auch ohne es direkt anwenden zu können, ist dieser Teil nun wichtig für Sie.

Folgeideen entwickeln

Sichten Sie Ihre Notizen für Weiterführendes und bewerten Sie erneut, inwiefern weiterführende Dinge innerhalb Ihrer recht knapp bemessenen Nachbereitungszeit Platz haben. Sie müssen da nicht alles reinquetschen. Kleinere Follow-ups wie das Lesen eines Artikels, der nicht mehr in den Seminartag passte, können natürlich noch in der Nachbereitung untergebracht werden.

Aber wer weiß – vielleicht nehmen Sie sich auch etwas für Ihre private Lesezeit mit oder gehen mal ganz in Ruhe in der Bibliothek stöbern? Vielleicht schauen Sie sich eine lange Dokumentation zu einem Thema an oder sind auf eine Theatervorführung gestoßen, die Sie interessiert. Es kann, wie gesagt, außerdem passieren, dass Sie eine neue Idee für Ihr nächstes Selbstseminar finden. Lassen Sie Raum dafür. Es gibt so viel zu entdecken und zu lernen, und täglich gibt es neuen spannenden Content online.

✎ **Beim Selbstseminar kann alles passieren. Es können sich neue Welten auftun. Klingt hochtrabend, ist aber so.**

> **Beispiel KI-Grundlagen**
> **Weiterführendes zuordnen**
>
> Während des Selbstseminars haben Sie ein paar Stichworte notiert, die Sie jetzt zuordnen:
>
> - **Gesichtserkennung**: Hierzu wollten Sie noch einen zitierten Artikel komplett lesen – eine Sache von zehn Minuten, das passt also in die Nachbereitung.
> - **Deepfake**: Sie erinnern sich, dass jemand mal eine Dokumentation hierzu erwähnt hatte. Sie schreiben der Person, fragen noch mal nach dem Titel und nehmen sich das Anschauen für Ihre Freizeit vor.
> - **KI in PC- und Gesellschaftsspielen**: Ihre Firma hatte mal überlegt, ein Spiel zu entwickeln. Hierzu lohnt also ggf. ein weiteres Selbstseminar.
> - **Humanoide Roboter**: Den hochgelobten Spielfilm „WALL-E“ haben Sie noch nie gesehen. Das wäre mal etwas für einen kühlen Herbstabend.

Nacharbeit abschließen

Nachdem Sie Ihre Stichworte nach einem ähnlichen Muster wie in unserem KI-Beispiel bewertet und für die Nachbereitung sortiert haben, führen Sie sich die Elemente zu Gemüte, die heute Zeit finden: Artikel, Weiterführendes, theoretische Grundlagen, alles, was Sie noch zu Ihrem Thema interessiert hat.

Wenn Sie diese gründliche Nacharbeit beendet haben, haben Sie vermutlich etwa drei Stunden gut investiert, um aus Ihrem Selbstseminar alles herauszuholen. Klopfen Sie sich (zumindest gedanklich) einmal herzhaft auf die Schulter, bevor Sie sich wieder dem Joballtag zuwenden.

Auch die Theorie soll in der Seminar-Nachbereitung nicht zu kurz kommen. Manch Weiterführendes hat schon innerhalb der knapp bemessenen Nachbereitungszeit Platz, anderes legen Sie sich für die Freizeit oder ein weiteres Selbstseminar beiseite. Nehmen Sie den Lern-Flow mit und lassen Sie zu, dass sich ganz neue Interessensgebiete auftun.

3.3 Orga-Erkenntnisse verwahren

Besonders für die ersten Selbstseminare möchte ich Ihnen eine Sache mitgeben: Schreiben Sie sich nicht nur inhaltliche, sondern ebenso organisatorische Learnings auf. Auch die Metaebene ist interessant: Sind Sie mit der Durchführung Ihres Vorhabens zufrieden?

Gedanken und Ideen notieren

Machen Sie sich während des Seminartags Mini-Notizen und schauen Sie diese später durch – während der Nachbereitung, zwischendurch oder vielleicht erst vor dem nächsten Selbstseminar. Anhand dieser Notizen werden Sie rückblickend merken, was gut gelaufen und was noch verbesserungswürdig ist. Bestimmt nehmen Sie einige Ideen für Ihr nächstes Selbstseminar mit und erledigen die Seminarleitung künftig noch kompetenter.

Abschließende Fragen

Ich habe einige Fragen für Sie vorbereitet, anhand derer Sie den Erfolg Ihrer Seminar-Organisation messen können:

- ? Konnte ich den Zeitplan ungefähr einhalten?
- ? Wie exakt war meine zeitliche Schätzung fürs Konsumieren der einzelnen Contents?
- ? Wie viel Prozent meiner Quellen waren unbrauchbar?
- ? War ich mit der Anzahl und Länge der eingeplanten Pausen zufrieden?
- ? Hat trotz aller Vorbereitung doch noch Ablenkung stattgefunden?
- ? Wie ist mein Motivationslevel im Lauf des Tages zu bewerten?
- ? Gab es Phasen der Ermüdung und woran lag das?
- ? Welche Medienart sagt mir besonders zu?
- ? Ist der Nutzen so groß, wie ich es mir versprochen habe?
- ? Habe ich Wissensplattformen oder Podcasts entdeckt, die ich erneut konsultieren möchte?

Was Sie nicht am Seminartag selbst notiert haben, versuchen Sie aus dem Gedächtnis zu rekonstruieren.

Seminarbewertung

Mit den genannten Fragen können Sie rückblickend eine Art Bewertung Ihres Selbstseminars vornehmen – ähnlich dem Feedbackbogen am Ende eines Fremd-Seminars. Überlegen Sie genau, welche Fragestellungen Sie wirklich weiterbringen und welche für Ihr nächstes Selbstseminar entscheidend sind. So werden Sie ableiten können, wie gut Sie Ihr Selbstseminar organisiert und geleitet haben und wo Sie sich noch verbessern möchten. Halten Sie Ihre Erkenntnisse für Ihr nächstes Selbstseminar fest.

Während der inhaltlichen Seminar-Nachbereitung widmen Sie sich folgenden Punkten:

- Sichten Sie Ihre Notizen.
- Wie sieht die erste Praxisphase konkret aus (Ideen testen und, wenn brauchbar, auf die To-do-Liste setzen)?
- Womit beschäftige ich mich bezüglich der weiterführenden Theorie?
- Was mehr Zeit in Anspruch nimmt, legen Sie sich für die Freizeit oder ein weiteres Selbstseminar beiseite.
- Für die organisatorische Nachbereitung stellen Sie sich die Frage: Bin ich mit der Durchführung meines Vorhabens zufrieden? Geben Sie sich selbst Feedback für die Seminarleitung und lernen Sie daraus fürs nächste Mal.

Alles Kopfsache – Streiflichter auf theoretische Hintergründe

Dass das Selbstseminar wirklich funktioniert und Freude macht, werden Sie spätestens feststellen, wenn Sie mit diesem Büchlein als Leitfaden eines durchgeführt haben. Nun beruht der Erfolg des Konzepts beileibe nicht auf meiner Genialität oder Idee, denn die Prinzipien und Mechanismen, die dem Selbstseminar zugrunde liegen und es gelingen lassen, sind simpel und keineswegs neu. Die zugrunde liegenden Konzepte möchte ich in diesem Kapitel einmal beleuchten, um Ihnen einen Überblick über die theoretischen Hintergründe zu verschaffen. Für mehr als einen Überblick und erst recht detaillierte Infos möchte ich an dieser Stelle auf Profis verweisen, denn ich bin keine (Lern-)Psychologin.

In diesem Abschnitt wird es um folgende Fragestellungen und Phänomene gehen:

1. Was passiert im Kopf, wenn wir ein konkretes Vorhaben fassen und das Selbstseminar planen? Erfahren Sie mehr zur Managementstrategie „Effectuation", zu Selbstermächtigung/Empowerment, Montessori-Pädagogik, Motivation und Commitment.
2. Warum macht Lernen an sich glücklich? Hier geht es um Neugier, Offenheit, Konzentration – und New Learning.

3. Wie merken wir uns die Dinge? Dazu erläutere ich die Hintergründe zu Bedeutsamkeit, Emotionen, Assoziationen und Lernstrategien.
4. Woher kommt das „richtige“ Mindset? Erfahren Sie mehr über Wissensdrang, Ambitionen, Selbstzufriedenheit, Selbstbewusstsein, die Job-Characteristic-Theorie und Growth-Need-Strength sowie die Selbstwirksamkeitserfahrung.

Allein das Vorhaben beflügelt

Wir haben uns im allerersten Schritt der Vorbereitung bewusst gemacht, dass es möglich ist, ein Thema der Wahl herzunehmen und dazu etwas zu lernen – auf eigene Faust. Die Informationen sind verfügbar, Sie schaffen sich dafür zeitliche Ressourcen, und los geht’s.

Effectuation

Dieser Ansatz entspricht der Mittelorientierung, wie sie bei der Management- und Innovationsmethode Effectuation praktiziert wird: Wir arbeiten mit dem, was wir haben, ungefähr so, wie wir beim Blick in den Kühlschrank eine Mahlzeit zusammenstellen (und nicht umgekehrt für ein Gericht einkaufen gehen). Auch beim Selbstseminar gehen wir von dem aus, was uns sowieso zur Verfügung steht, und nutzen das voll aus. Auch dass der Schwerpunkt auf dem Handeln liegt, hat das Konzept Selbstseminar mit Effectuation gemein. Immer dann, wenn der Einsatz leistbar ist, wird etwas unternommen, und während des Handelns ergeben sich neue Richtungen, neue Möglichkeiten.

Direktstart

Der Vorteil für den Kopf dabei ist: Wir sind nicht gezwungen, erst lange nach Angeboten zu suchen, finanziellen Aufwand zu treiben, zwischendurch immer wieder abzuwarten ... Wir können stattdessen direkt starten, sobald wir die uns zur Verfügung stehenden Ressourcen einmal sortiert und bereitgestellt haben. Wir kommen schneller ins Handeln, und das kommt unserem Denken zugute (vgl. „Lernen macht uns glücklich, wenn wir es richtig anfangen", S. 70).

Selbstermächtigung

Während des Seminars flexibel zu bleiben, entspricht ebenfalls dem Prinzip Effectuation: Wir nutzen Zufälle und sich spontan ergebende Chancen (neue Contents, die uns ansprechen und auch ganz andere Thematiken) als willkommene Umstände, die unseren Seminartag prägen.

Diese Vorgehensweise bedeutet gleichzeitig Selbstermächtigung: Sie fassen einen Plan, handeln danach und entscheiden für sich, voranzukommen. Je nachdem, wie Ihre persönliche Job-Situation gerade aussieht, ist das ein kleinerer oder größerer Schritt. Hermann Scherer erklärt das in seinem Werk „Fokus!" (S. 49) so: „Empowerment bezeichnet die Strategien und Maßnahmen, die den Grad der Autonomie und Selbstbestimmtheit erhöhen." Falls Sie davor in einer Art Opferrolle steckten, haben Sie sich davon jetzt befreit und können sich wieder auf Ihre Stärken besinnen. Sie können Ihre Autonomie spüren, und die fühlt sich verdammt gut an.

Das Konzept Montessori

Ich möchte hier eine kleine Anekdote zum Thema einflechten, denn immer wieder während der Arbeit an diesem Buch muss ich an meine Grundschulzeit denken. Ich habe in Wien eine Montessori-Volksschule besucht, und diese Zeit hat mich nachhaltig geprägt. Die Montessori-Pädagogik stellt sich sehr stark auf einzelne Kinder ein und lässt sie täglich während der sogenannten Freiarbeit selbstständig entscheiden, womit sie sich lernend beschäftigen möchten. Natürlich steht im Hintergrund der Lehrplan, und die Lehrkräfte haben einen Blick darauf, ob jedes Kind sich nach und nach den Stoff aus allen Fächern aneignet. Sie helfen den Schülerinnen und Schülern durchaus oft – aber eben dabei, „es selbst zu tun“, wie es in der Montessori-Lehre heißt (vgl. Klein-Landeck und Pütz, S. 124ff.). Jeden Tag eine große Arbeit anzugehen, war eines unserer Ideale. Das hat nicht immer geklappt, aber doch regelmäßig. Wir fühlten uns autonom, verantwortlich und irgendwie erwachsen. Ich habe aus dieser Zeit die Freude am Lernen mitgenommen und es fast nie als Zwang betrachtet – von daher ist für mich eigenständiges Lernen schon immer mit positiven Emotionen verbunden. (Dazu, welche Rolle das emotionale Framing spielt, unten mehr.) Diese schönen Erfahrungen aus meiner Kindheit kommen also beim Selbstseminar zum Tragen. Ich hoffe, ich kann mit diesem Buch ein bisschen vom Lernspirit der Montessori-Lehre an Sie weitergeben.

Kritik an Maria Montessori

Dabei ist es aktuell notwendig, dass ich mich von einem anderen Part der Montessori-Hintergründe distanziere, nämlich von allem, was in irgendeiner Form dem Faschismus zugeordnet werden kann. Hierüber findet eine durchaus differenzierte Debatte in den Medien statt.* Allgemein geht es in der Diskussion um Montessoris Anbiederung bei Mussolini, ihr Zerwürfnis mit ebenjenem und ihre Ansätze der Selbstoptimierung und der geradezu soldatischen Disziplin, um Aussagen, die menschenverachtend sind, und auch um ihre Bemühungen als Friedensaktivistin.

Aus meiner Sicht ist eigenverantwortliches Lernen im eigenen Tempo und nach den eigenen Vorlieben, wie es Maria Montessori entwickelt hat, ganz besonders für Inklusion geeignet; es kommt Menschen mit unterschiedlichsten Voraussetzungen und Bedürfnissen entgegen, sich auf ihre Weise neues Wissen und neue Fähigkeiten anzueignen. Die Entwicklungsstufen bei Kindern sind genauso individuell wie die Erwachsener, und ich möchte hier gern das inklusive Potenzial betonen, auch wenn die Pädagogin selbst das nicht wörtlich niedergeschrieben hat. In den Montessori-Einrichtungen werden die Prinzipien der Lehre heute genau so eingesetzt.

---

* Besonders gut dargestellt von Univ.-Prof. Dr. Heiner Barz und mit zahlreichen Quellen versehen in „‚Größtenteils haltlose Vorwürfe‘: Warum die Debatte um Maria Montessori wenig neue Erkenntnisse bietet – ein Gastbeitrag, abrufbar unter: https://www.news4teachers.de/2024/02/groesstenteils-haltlose-vorwuerfe-warum-die-debatte-um-maria-montessori-wenig-neue-erkenntnisse-bietet-ein-gastbeitrag/

Wir lassen hier also getrost die politischen Interessen und Facetten der Maria Montessori beiseite. Hier, beim Thema Selbstseminar, soll es ja nur um den Kontext, um die Verortung in Lerntheorien und -strategien gehen. Und dafür dürfen die positiven Aspekte der Montessori-Pädagogik gerne ein wenig Input liefern. Schließlich sind sie ein guter Motor für Motivation und eigenständiges Lernen und im Sinne von New Learning hochaktuell.

Lust am Lernen fördern

Bleiben wir bei genau diesem Thema: Die intrinsischen Quellen der Motivation, die das Empowerment, das eigenständige Lernen und das Selbstseminar auslösen, haben einen großen Vorteil: Sie kommen uns nicht so schnell abhanden wie extrinsische, da wir die Aufgabe entweder aus Freude bewältigen möchten (das heißt dann intrinsische Prozessmotivation) oder aus internem Selbstverständnis heraus, sprich: unseren Prinzipien und Maßstäben getreu. Und diese ändern sich ja nicht dauernd.

Commitment erlangen

Ein wesentlicher Aspekt: „Damit man motiviert an seine Arbeit herangeht, muss diese als sinnvoll erlebt werden. Wer stolz ist auf seine Tätigkeit und die Ergebnisse seines Tuns, arbeitet gern." So erklärt es Reinhard K. Sprenger in „30 Minuten Motivation" (S. 55). Und er spricht vom Commitment, das uns in der Folge durchhalten lässt – und welches dann besonders leicht zu erlangen ist, wenn wir unsere Aufgabe selbst gewählt haben.

Ein besonders spannender Dreh beim Thema Motivation: Es kommt gar nicht drauf an, in welchem Maße wir motiviert sind. Personen, die angaben, nur mittelmäßig motiviert zu sein, waren danach in der Lage, genauso viel zu leisten wie die sehr motivierten. Das bedeutet, wir alle sind mit genügend Motivation ausgestattet, solange diese ausreicht, um zu beginnen. Während der Tätigkeit steigt sie nämlich permanent. Dazu im folgenden Abschnitt mehr.

Lernen macht uns glücklich, wenn wir es richtig anfangen

Das menschliche Gehirn will lernen. Marco von Münchhausen drückt es in seinem Buch „Konzentration" so aus (S. 97): „Wenn das Gehirn einer Aufgabe nachgeht, die es fordert, ohne es zu überfordern, erzeugt es Dopamin – das wiederum fördert die Bewältigung der Aufgabe –, verbunden mit einem Wohlgefühl." Dieser Fakt gerät manchmal in Vergessenheit, wenn wir von der täglichen Sinnesüberflutung gereizt und müde sind – da entsteht schnell der Verdacht, das Gehirn wolle möglichst wenig leisten, berieselt werden, nichts Kompliziertes tun.

Aber das stimmt nicht. Wenn wir mal vom Erschöpfungszustand wegkommen in eine halbwegs ausgeruhte Situation, ist Lernen eines der schönsten Dinge, die wir tun können. Wann immer wir uns zwischen Burn-out und Bore-out bewegen und genügend Denkpausen einlegen, sind wir mitten in unserer Wohlfühlzone.

Neugier und Offenheit

„Unser Gehirn ist auf Neugier programmiert. Die Evolution hat es vorgemacht: Der Mensch entwickelt sich ständig weiter, unser Gehirn dürstet nach neuen Reizen, danach, Neues zu lernen“, konstatiert Jochen Mai in „Die ganze Wahrheit über Erfolg“ (S. 142).

Und auch in „Effectuation“ von Michael Faschingbauer geht es um Offenheit im Zusammenhang mit überraschenden Ereignissen, Begegnungen und Informationen (S. 112): „Voraussetzungen für gutes Gelingen sind Offenheit, Neugier und Interesse sowie die Art und Weise, wie wir mit den überraschenden Informationen umgehen. Wir werden eher auf den Nutzen überraschender Informationen stoßen, wenn wir diesen mit erkundender Neugier anstatt abwehrendem Misstrauen begegnen.“

Ablenkung vermeiden

Was das Hirn extrem erschöpft, ist thematisches Hin- und Herspringen – sprich: Ablenkung. „Wer permanent gestört wird, kann unmöglich in einen begeisterten Schwung bei der Arbeit kommen. Es frustriert uns, wenn wir nicht vorankommen. Wir werden wütend, weil wir uns mehr vorgenommen haben, und zweifeln im schlimmsten Fall an unserer Leistungsfähigkeit.“ So beschreibt es Susanne Westphal in ihrem Werk „Die neue Lust an der Arbeit“ (S. 83) sehr nachvollziehbar. Die gute Nachricht: Im Umkehrschluss bedeutet das, wenn wir uns einer Sache ungestört widmen, kommen wir in diesen „begeisterten Schwung“, freuen uns, voranzukommen, und glauben an die eigene Leistungsfähigkeit.

Magnet fürs Gehirn

Gute Konzentration ist also ein Schlüssel zum erfolgreichen und freudigen Lernen. „Leistung ist gleich Potenzial minus Störfaktoren", stellt Scherer in „Fokus!" fest (S. 34). Und von Münchhausen empfiehlt, einen Magneten fürs Gehirn zu schaffen; eine Aufgabe also, die klar benannt ist, nicht zu schwer und nicht zu leicht – schon dann ist sie für unser Gehirn attraktiv. Das ist gar nicht so schwer hinzukriegen; wir peilen es bei jedem Selbstseminar an.

Konzentration trainieren

Neben der Themenauswahl und dem Schaffen von Ruhe ist natürlich die grundsätzliche Fähigkeit zur Konzentration entscheidend. Wenn Sie vermuten, Sie könnten hier Schwächen haben, oder wenn sich in einem ersten Selbstseminar gezeigt hat, dass die Konzentrationsfähigkeit eine Ihrer Herausforderungen ist, dann empfehle ich Ihnen, einige Konzentrationsübungen in den Alltag zu integrieren. Das geht spielend, ein Trainingseffekt wird schnell eintreten, und dazu sind gute Fachliteratur, Podcasts und Videos nicht weit. (Idealerweise machen Sie ein Selbstseminar – bzw. einen Selbst-Workshop mit hohem Praxisanteil – zum Thema „Bessere Konzentration im Arbeitsalltag".)

Wenn wir unsere Konzentration einmal gebündelt haben, ist die Sache ein Selbstläufer: „Im Zustand der Konzentration werden viele Störungen ausgeblendet", wie von Münchhausen schreibt (S. 67). Einmal festgesaugt an einem Thema, will das Hirn nicht so schnell wieder davon lassen. Deswegen können wir uns oft nicht losreißen von der Arbeit, einem

Buch oder Ähnlichem. Das Dopamin belohnt die Hirnzellen dafür, bei der Sache zu bleiben und viel aufzunehmen. Das machen wir uns im Selbstseminar zunutze.

Kognitives Lernen

Lerntheoretisch ist das Selbstseminar im kognitiven Lernen zu verorten, da wir dabei aktiv und konstruktiv vorgehen. Letzteres bedeutet, „dass menschliches Erleben und Lernen Konstruktionsprozessen unterworfen ist, die durch sinnesphysiologische, neuronale, kognitive und soziale Prozesse beeinflusst werden. [...] Was jemand unter bestimmten Bedingungen lernt, hängt somit stark, jedoch nicht ausschließlich, von dem Lernenden selbst und seinen Erfahrungen ab. Im Sinne der konstruktiven Seite ist Lernen dann am effektivsten, wenn die Lernenden ihren Lernprozess umfassend selbst steuern können. Jeder weiß nach dieser Theorie am besten selbst, wie er effektiv lernen kann" – so steht es im Wikipedia-Artikel „Konstruktivismus (Lernpsychologie)".*

New Learning

In letzter Zeit taucht neben New Work immer öfter der Begriff New Learning auf. Hierzu möchte ich aus „New Learning: Selbstbestimmtes, kollaboratives Lernen für New Work" von Markus Brand, Sonja Wittig und Jan Foelsing zitieren: „Beim New Learning steht der Lernende mit seinen individuellen Vorerfahrungen und Bedürfnissen viel stärker im Fokus. Er wird seine Lernprozesse bedürfnisorientiert

---

* de.wikipedia.org/wiki/Konstruktivismus_(Lernpsychologie)

– durch Nachfrage, Remix von Inhalten und Austausch mit anderen – selbst kreieren wollen. Dabei übernimmt er die Verantwortung für den eigenen Lernprozess größtenteils selbst. Dies benötigt allerdings auch einen ‚höheren Reifegrad'. Dieses selbstbestimmte Lernen wird in Zukunft eine Schlüsselfähigkeit sein. Eigenständiges Erarbeiten, kritisches Hinterfragen und die Kompetenz, Wissen individuell für sich nutzbar zu machen, wird immer wichtiger werden." In diesem Kontext sehe ich das Selbstseminar (im Artikel werden „Selbstlern-Sessions" erwähnt) auf der letzten Stufe der historischen Entwicklung vom instruktiven zum eigenständigen und digitalen Lernen. Nur, dass das Selbstseminar auch ganz allein funktioniert und Kollaborationen erst danach wieder stattfinden.

Emotional lernen

Ich betone hier immer wieder den Spaß-Aspekt. Das liegt daran, dass es von Vorteil ist, das Selbstseminar mit Emotionen aufzuladen, wie es auch der Kognitivismus beschreibt. Wer emotional lernt, merkt sich mehr.

Im Negativen stehen dafür beispielhaft so manche Schock-Werbungen fürs Abstandhalten auf Autobahnen, im Positiven die schönsten Kindheitserlebnisse, die wir nie vergessen werden, egal, wie unbedeutend sie eigentlich erscheinen.

Bei Wikipedia ist unter „Lernstrategie" zu lesen: „Ein besseres Abspeichern des Wissens und dessen Abrufbarkeit wird durch motivational-emotionale Stützstrategien erreicht, die von jedem Menschen eingesetzt werden. Dies bedeutet, dass jedes erlernte Wissen mit einem Gefühl zusammen abgespeichert wird, was es für den Fall des neuerlichen Gebrauchs nutzbar macht."* Durch Beeinflussung und Aktivierung der Lernmotivation, Emotionsregulation, Förderung der Konzentration und Gestaltung der Lernumgebung können wir, so der Artikel, das Lernen stützen. All das sind entscheidende Faktoren für das Funktionieren Ihres Selbstseminars.

Positive Erfahrungen nutzen

Rolf Arnold und Claudia Gómez Tutor schreiben in ihrem Aufsatz „Emotionen in Lernprozessen Erwachsener", „dass Emotionen wesentlich stabiler sind als Wissen und deshalb auch die Erinnerungen steuern" (S. 38) und „dass Deutungsmuster in Emotionsmuster eingebettet sind und deshalb nachhaltiges Lernen nur gelingen kann, wenn die Bewusstmachung innerer Erfahrungen die Aneignung äußerer Erfahrungen ergänzt, und auf diese Weise die Ebenen des emotionalen und des kognitiven Lernens verknüpft werden" (S. 41). Diese Verknüpfung schwebt mir vor, wenn ich darauf bestehe, dass Sie Ihr Selbstseminar möglichst angenehm und nett gestalten ...

Das Autorenduo führt weiter aus, „dass die emotionale Verarbeitung von Situationen vor allem im Bereich des Bedürfnisses nach Kompetenz sehr stark zum Ausdruck kommt. Ein positiver Zuschreibungsprozess kann die Generierung einer positiven emotionalen Reaktion fördern,

* de.wikipedia.org/wiki/Lernstrategie

wodurch zukünftige Lernprozesse durch eine positive Gestimmtheit profitieren. Diese ist für selbstgesteuerte lebenslange Lernprozesse eine grundlegende Voraussetzung [...] Nicht zuletzt trägt die positive Erlebensqualität in Verbindung mit intrinsischer Motivation dazu bei, bei Lernenden das Interesse zu fördern und zu erhalten" (S. 42).

Kurz gesagt: Wer Lernen mit positiven Emotionen verbindet, lernt lieber und besser. Und wenn dem nicht sowieso schon so ist, dann erzeugen bzw. verstärken wir diese positiven Gefühle eben ein wenig künstlich – schadet ja nicht.

Das Gedächtnis unterstützen

„Die Verankerung im Gedächtnis nimmt zu mit der Bedeutung, dem emotionalen Gewicht und der Anzahl der Assoziationen (Verknüpfung mit anderen Inhalten)." So steht es bei Wikipedia im Artikel „Gedächtnis".* Das Selbstseminar erfüllt alle drei Voraussetzungen dafür, uns Dinge gut zu merken:

1. Das Thema ist für Sie bedeutend – sonst hätten Sie es nicht gewählt.
2. Sie können die Inhalte mit bereits Bekanntem verknüpfen, sei es mit etwas, das Sie schon vorher wussten, oder mit etwas, das Sie innerhalb des Seminars lernen. Außerdem haben Sie alle Contents schon während der Vorbereitung in der Hand gehabt und spielen sich so ein Vertrautheits-Gefühl vor, das nur im Ansatz gerechtfertigt ist.

* de.wikipedia.org/wiki/Gedächtnis

3. Und das emotionale Gewicht ist auch vorhanden: Durch das Empowerment sind Sie bereits positiv gestimmt, und das verstärkt sich mit der Erfahrung von Selbstwirksamkeit und dem Lernen, das Sie mit möglichst viel Spaß aufladen.

Lernstrategien

Durch verschiedene Lernstrategien transferieren wir das Gelernte vom Arbeitsgedächtnis ins Langzeitgedächtnis. Hierbei gelten neben den Motivations- und Emotionsstrategien, die wir oben bereits hatten, weitere Ansätze als wirksam (vgl. Wikipedia-Artikel „Lernstrategie“):

- **Wiederholungsstrategien**: beispielsweise das Abschreiben oder Aufsagen von Gelerntem und die Anwendung von Mnemotechniken.
- **Organisationsstrategien**: etwa Texte zusammenfassen, Zusammenhänge herausarbeiten, exzerpieren, Mindmaps erstellen sowie das Planen, Überwachen und Bewerten des Lernens (für uns also auch die vorbereitende Organisation des Selbstseminars).
- **Elaborationsstrategien**, durch die das neu Erarbeitete in bestehende Wissensstrukturen integriert wird: Fragen stellen, mit eigenen Worten formulieren, Vorstellungsbilder und Beispiele finden; außerdem der Transfer von der Theorie ins praktische Arbeitsumfeld, vom Wissen zum Handeln.

Hiermit ist auch theoretisch belegt, dass der Tag der Nachbereitung samt Praxisphase eine entscheidende Rolle für den Lernerfolg beim Selbstseminar spielt.

Das Mindset macht's

Ich setze mal voraus, dass Sie bereits ein gewisses Mindset mitbringen, wenn Sie dieses Buch gekauft und gelesen haben. Sie werden keine Person sein, die am liebsten auf der faulen Haut liegt, mit immergleichen Standardaufgaben zufrieden ist und ein Desinteresse für (Weiter-)Bildung hegt. Nein, Sie sind das Gegenteil von denkfaul. Das ist schön – und zudem auch ganz natürlich.

Neugierig bleiben

„Neugier ist ein wesentlicher Motor für geistiges Wachstum", schreibt Jochen Mai und konkretisiert, „dass neugierige Menschen schneller und leichter Kontakt zu anderen finden. In der Folge hatten sie nicht nur mehr Freunde und ein stabileres Netzwerk – sie waren auch glücklicher und besaßen mehr Lebenszufriedenheit" (S. 142). Ein Mittel, um Neugier und Wissensdrang zu erhalten, ist für Mai die Weiterbildung: „Wir sollen und wollen wachsen. Nicht zufällig entwickeln wir daraus sogar Ehrgeiz und Ambitionen", gibt er zu bedenken (ebenda). Aus Ambitionen und Ehrgeiz erwächst der Wunsch, voranzukommen, noch mehr zu lernen – und so geraten Sie in eine positive Entwicklungsspirale, die so schnell nicht mehr verlassen werden kann.

Die Impulse dieser Spirale verbleiben nicht in Ihnen – das Lernen strahlt nach außen, und die dadurch gewonnene Selbstzufriedenheit erst recht. Sie sind sich dessen bewusst, dass Sie ein Bildungsversprechen gegenüber sich selbst halten und etwas Wertvolles für sich, Ihre Arbeit und das ganze Team tun.

Job-Characteristic-Theorie

Eine Theorie aus der Arbeitspsychologie, die ihre Ursprünge im Jahr 1976 hat, untermauert diese Feststellungen: die Job-Characteristic-Theorie von Richard Hackman und Greg Oldham. Diese besagt vereinfacht: Wenn eine Arbeit hohe Anforderungsvielfalt, Ganzheitlichkeit, Bedeutsamkeit und zusätzlich Autonomie und Feedback mit sich bringt, hat sie hohes Motivationspotenzial. Umgekehrt wird der Wunsch eines Individuums nach erfüllender, sinnhafter Arbeit an vergleichbaren Faktoren gemessen: Wer nach einer Aufgabe strebt, die herausfordert und mit Weiterentwicklung einhergeht, besitzt ein wesentliches Maß an sogenannter Growth-Need-Strength.

Kraft der Selbstwirksamkeit

Von dieser Theorie aus gelangen wir ohne Umwege zur Selbstwirksamkeitserfahrung, die ich schon einige Male erwähnt habe. Es handelt sich hierbei um das Vertrauen darauf, durch die eigene Kompetenz Handlungen durchführen zu können, auch wenn diese unter erschwerten Umständen passieren. Wie Faschingbauer (S. 263) zusammenfasst: „Es geht um das Vertrauen in die eigenen Fähigkeiten, Vertrauen darauf, dass wir etwas bewirken und mit schwierigen Situationen umgehen können." Der Wikipedia-Artikel zur Selbstwirksamkeitserwartung (SWE) erklärt: „SWE und Handlungsergebnisse wirken oft zirkulär: Eine hohe SWE führt zu hohen Ansprüchen an die eigene Person, weshalb sie eher anspruchsvolle, schwierige Herausforderungen suchen wird. Die Bewältigung dieser Herausforderungen führt wiederum zur Bestätigung bzw. sogar Erhöhung der eigenen SWE."* Eigene Erfolgserlebnisse können die Selbstwirksamkeitserfahrung drastisch erhöhen, und damit arbeitet jedes Selbstseminar.

Gewissheit, etwas Wertvolles zu tun

Dass Konsistenz, Commitment, Interesse und allen voran Weiterbildung Karriereturbos sind, ist hinreichend bekannt – und auch im Kleinen, bei einem Selbstseminar ohne Zertifikat, tritt dieser Effekt auf und wird sich eine Veränderung zeigen. Im Know-how einerseits und in der Ausstrahlung andererseits. Westphal bemerkt (S. 131): „... bevor ich von anderen bejubelt und gut bezahlt werde, brauche ich selbst die Gewissheit, dass das, was ich tue, wertvoll ist." Und diese Gewissheit holen wir uns im und durchs Selbstseminar.

Dem Erfolg eines Selbstseminars liegen verschiedene Faktoren zugrunde, die sich theoretisch entschlüsseln lassen:

1. Bei der Planung und Vorbereitung eines Selbstseminar finden sich Elemente aus der Managementstrategie „Effectuation" wieder – die Mittelorientierung (mit dem arbeiten, was da ist), dass das Handeln im Vordergrund steht und man Zufälle begrüßt und nutzt. Außerdem spielen Selbstermächtigung und Empowerment eine Rolle, wie sie z. B. bei der Montessori-Pädagogik gefördert werden. Motivation ist gar nicht so schwer zu erzeugen und noch leichter zu erhalten, Commitment hilft beim Umsetzen.

* de.wikipedia/wiki/Selbstwirksamkeitserwartung

2. Kognitives Lernen macht glücklich, wenn wir uns Neugier und Offenheit bewahren und ganz konzentriert sind. New Learning wird zur Schlüsselkompetenz der Zukunft: Es stellt die Lernenden mit ihren persönlichen Hintergründen in den Mittelpunkt und macht sie zu den Verantwortlichen.
3. Memorieren gelingt, wenn der Lernstoff mit Bedeutung und Emotionen aufgeladen wird und viele Assoziationen zu vorhandenem Wissen möglich sind. Verschiedene Lernstrategien verankern das Gelernte im Langzeitgedächtnis:
   - Motivation + Emotion
   - Organisation
   - Elaboration
4. Das Mindset ist entscheidend: Wer Wissensdrang und Ambitionen hat, sucht sich Herausforderungen, wie die Job-Characteristic-Theorie beschreibt, und das nennt sich Growth-Need-Strength. Dank der Erfolge steigen Selbstzufriedenheit und Selbstbewusstsein. Insgesamt gesehen ist das Selbstseminar ein Prozess der Selbstwirksamkeitserfahrung – und jedes ist damit ein echter Karriereturbo.

10 Tipps & Tricks für ein spaßiges Selbstseminar

1. Ihr eigenes Logo

Wenn Sie selbstständig sind, haben Sie bestimmt eines. Falls nicht und wenn Sie gerne basteln, bauen Sie sich einfach zum Spaß ein kleines Logo aus Ihrem Namen und einem grafischen Element, das sich irgendwie mit (Weiter-) Bildung in Verbindung bringen lässt. Das fügen Sie in Ihre PowerPoint-Datei ein. Bei jedem Selbstseminar begegnet Ihnen das Bildchen erneut und schafft eine optische Klammer – wie eine Mini-Marke für Ihre Selbst-Förderung und Ihr ganz persönliches Entwicklungs-Vorhaben. Auf jeder Seite der Präsentation werden Sie daran erinnert, dass Sie diese Weiterbildung aus eigener Kraft gestaltet haben. Das verstärkt Ihre Selbstwirksamkeitserfahrung und macht gute Laune.

2. Blumen kaufen

Wenn Sie am Morgen des Seminartags die letzten Vorbereitungen treffen, besorgen Sie sich einen Blumenstrauß oder eine kleine Pflanze im Topf. Der symbolische Wert dieser Geste ist besonders hoch, wenn Sie das Gewächs einpflanzen. Denn dann haben Sie länger etwas davon und können im Laufe der Zeit beobachten, wie es gedeiht – äquivalent zu Ihrem Wissen, das Sie an dem Tag gesät haben, als Sie sich selbst die Pflanze geschenkt haben.

3. Selbstgespräche führen

Reden Sie manchmal mit sich selbst? Autokommunikation heißt das fachsprachlich, hierbei übernimmt das Ich sowohl das Senden als auch das Empfangen – man hat also zwei Kommunikationsrollen inne. Das passt vorzüglich zur Rollenverteilung im Selbstseminar, das Sie ja leiten und bei dem Sie gleichzeitig konsumieren und lernen. Machen Sie sich also einen Spaß daraus, sich in Ihrer Seminarleitungs-Funktion zu begrüßen, sich nach Ihrem Wohlbefinden zu erkundigen und darauf dann auch als Gegenüber zu antworten. Ihr Selbstgespräch wird über den Tag verschiedene Züge annehmen: Sie üben sich in Selbstinstruktion, Sie beraten sich, motivieren und belohnen sich. Dieser spielerische Aspekt sollte Ihnen nicht peinlich (sonst lassen Sie es), sondern witzig sein. Selbstgespräche eignen sich selbstredend (!) weniger gut fürs konzentrierte Lernen als vielmehr für die Phasen dazwischen zur Auflockerung.

4. Streng sein

Von seriösen Führungspersonen geht eine gewisse Autorität und Strenge aus. Ich möchte Ihnen empfehlen, in Ihrer Leitungsrolle eine gesunde Strenge an den Tag zu legen, um noch erfolgreicher zu sein. Ihr Zeitplan ist straff, und Sie machen das Selbstseminar schließlich nicht zum Spaß – nur *mit* Spaß. Halten Sie also Ihren Zeitplan unbedingt ein. Kleine Verschiebungen sind hier ausgenommen, denn einzelne Contents brauchen eben länger oder kürzer als angepeilt. Aber der grobe Tagesplan darf nicht durcheinandergeraten, sonst geht das Konzept nicht auf; Sie wollen ja auch rechtzeitig zum Ende kommen. Während der Nachbereitung ist auch noch Zeit, also können Sie zur Not manches dahin schieben. Besonders unnachgiebig sollten Sie auf Ihre Pausenzeiten achten, um Ihrer Konzentration und Ihres Wohlbefindens willen.

5. Ihre Abwesenheitsnotiz

Zu Ihrer eigenen Freude sollten Sie eine ernsthafte Abwesenheitsnotiz verfassen. Eine, die wie immer professionell klingt und verrät, aus welchem Grund Sie heute nicht erreichbar sind. Formulierungen wie „bilde mich heute zum Thema KI weiter“ oder „beschäftige mich in einem Seminar mit den Möglichkeiten der KI“ machen Eindruck und entsprechen absolut der Wahrheit. Nach demselben Schema können Sie, wann immer es sich ergibt, Ihrem Umfeld berichten, dass Sie ein Seminar belegen werden. Erklären Sie Ihr Vorhaben und schildern Sie die Art der Umsetzung. Gerne können Sie dabei natürlich dieses Büchlein erwähnen und empfehlen ... Aber der wichtige Nebeneffekt ist: Dabei festigen Sie Ihr Vorhaben und Ihr Commitment. Sie betreiben nicht nur Selbstmarketing, sondern schaffen eine Art Zusatzgarantie dafür, dass Sie Ihr Selbstseminar durchführen werden.

6. Statt eines Zertifikats

Leider gibt es kein qualifiziertes Zertifikat für Ihr Selbstseminar. Allerdings: Auch waschechte Zertifikate lässt sich kaum jemand zeigen. Bei Bewerbungsprozessen beispielsweise spielen Kenntnisse natürlich eine Rolle, die Nachweise fürs Aneignen werden aber meist nur für längere Ausbildungen verlangt und nicht für eintägige Seminare. Insofern müssen Sie sich nicht über den fehlenden Nachweis grämen. Nach dem gleichen Muster wie im Vorfeld des Selbstseminars gehen Sie es danach an: Gewöhnen Sie sich daran, Ihre neuen Kompetenzen zu kommunizieren. Erzählen Sie davon, dass Sie „sich in einem Seminar neues KI-Wissen angeeignet“ haben, dass Sie „eine Testphase für KI-integrierendes Arbeiten durchführen“, oder nennen Sie spannende Details und erhellende Zitate als Beispiele für das, was Sie sich „bei einem Seminar erarbeitet“ haben. Legen Sie sich – ruhig schriftlich – ein paar dieser Formulierungen zurecht, um authentisch und selbstbewusst berichten zu können. Damit stellen Sie sicher, dass bei Nachfragen wie „Oh, das war gar kein richtiges Seminar?“ keine oder kaum Skepsis mitschwingt, sondern hauptsächlich eine amüsierte Neugier, auf die Sie souverän reagieren können.

7. Ihr Selbstseminar light

Da war doch mal dieser Workshop über Storytelling – da ist, Stand heute, ganz schön wenig hängen geblieben, wenn Sie ehrlich zu sich sind ... Ich habe bereits erwähnt bzw. unterstellt, dass Sie die Unterlagen von konventionellen Seminaren, die Sie belegt haben, nicht im Nachgang genau durchgegangen sind. Das ist ein kleines Versäumnis, das Sie aber nicht nur sich selbst zuzuschreiben haben; für gründliche Nacharbeitung wird in normalen Seminaren einfach keine Zeit eingeplant. Sie selbst können das aber tun und mit alten Unterlagen ein Selbstseminar light abhalten: Die Quellen sind bereits zusammengetragen und geprüft, es gibt ein

Skript. Sie können sich in wenigen Stunden das bereits Gelernte – und zum Teil Vergessene – wieder ins Gedächtnis rufen. Prüfen Sie gleichzeitig, wie gut der Stoff zu Ihrer aktuellen beruflichen Situation passt, und planen Sie ein wenig Zeit ein, um sich auf den neuesten Stand zu bringen; bestimmt sind inzwischen weitere Erkenntnisse oder Best-Practice-Beispiele veröffentlicht worden. Sie unterteilen Ihr Selbstseminar light also in zwei Teile: Wiederholung und Update. Das bedeutet weniger Aufwand als ein richtiges Selbstseminar und damit auch weniger Selbstwirksamkeit und eigenständiges Erarbeiten – aber der Nutzen ist dennoch groß. Denn Sie werden ja ein Thema gewählt haben, das durchaus von Relevanz war und ist. Frischen Sie Ihr Wissen darüber also auf und freuen Sie sich daran, dass Sie kostengünstig aus jenem Seminar alles rausgeholt haben.

8. Ein Tandem bilden

So leicht es in diesem Büchlein scheint, ein Selbstseminar durchzuführen, so schwierig kann es dennoch für Einzelne sein, sich dazu aufzuraffen. Falls Sie das Gefühl haben, noch immer nicht genügend Motivation gesammelt zu haben, kommt hier ein letzter Trick dafür: Suchen Sie sich eine Person zum Tandemfahren, die sich für dasselbe Thema interessiert wie Sie und die auch ein Selbstseminar durchführen möchte. Der Ablauf des Seminars bleibt gleich, zusätzlich vereinbaren Sie aber zwei Termine zum Austausch: einen nach der Vorbereitung, um besonders vielversprechende Quellen miteinander zu teilen, und einen als Teil der Nachbereitung. Dadurch fügen Sie Ihrem eigenen Lernen die Dimension des Austauschs hinzu: Von neuen Erkenntnissen zu erzählen und diese weiterzugeben, macht Spaß. Außerdem „zwingen“ Sie sich durch die Zweiertermine zur Durchführung Ihres Vorhabens. So motivieren Sie sich zusätzlich durch einen extrinsischen Faktor.

9. 25 Prozent des Gesparten ausgeben

Wie viel Geld haben Sie eigentlich konkret gespart durch die Durchführung Ihres Selbstseminars? Wissen Sie, was ein Seminar zu Ihrem Wunschthema gekostet hätte? Bringen Sie das in Erfahrung. Jetzt kommt es noch drauf an, wer dieses Geld ausgegeben hätte – insofern ist dieser Punkt eindeutig ein Kann-Tipp. Hätte Ihr Arbeitgeber bezahlt, wird es etwas schwieriger: Je nachdem, wie gut Sie sich mit der Chefetage verstehen, können Sie um etwas Budget für eine Team-Unternehmung oder ein kleines Goodie für sich selbst – wie eine Branchenveranstaltung oder ein spannendes Netzwerkevent – bitten. Wenn Sie selbstständig sind oder in irgendeiner Form selbst finanziell verantwortlich, dann liegt es ganz in Ihrer Hand, sich finanziell zu belohnen. (Aber bitte nicht, wenn Sie mit Ihrem Selbstseminar aus finanzieller Not eine Tugend gemacht haben – ich möchte hier nicht dazu verleiten, sich monetär zu verausgaben.) Wenn Sie es sich leisten können und mögen: Gestehen Sie sich 25 Prozent der Kosten zu, die Sie für ein externes Seminar hätten berappen müssen. Geben Sie das Geld für etwas aus, das Sie sich schon lange gewünscht haben, etwas, das Sie weiterbringt oder Sie einfach glücklich macht. Vielleicht „brauchen“ Sie das nur für Ihr erstes Selbstseminar, möglicherweise wird diese kleine Belohnung aber auch zu einem lieb gewonnenen Ritual. Hier entscheiden Sie bitte ehrlich für sich, wie Sie sich am besten fühlen.

10. Rahmenprogramm

Ich bin der Meinung, Sie sollten sich für Ihr Selbstseminar, für die Disziplin und Ihren starken Willen belohnen und gleichzeitig die Begeisterung für Ihr Thema noch weiter ausleben. Unternehmen Sie zu diesem Zweck beispielsweise abends etwas, das mit Ihrem Seminarthema im Zusammenhang steht.

Beispiel KI-Grundlagen
Abendgestaltung

- Theaterstück mit KI-Beteiligung
- Ausstellung über Roboter
- Lange Nacht der Museen: Technisches Museum
- Dinner mit der Gelegenheit, vom Seminar zu berichten
- Einen themenverwandten Kinofilm ansehen

Dieses Rahmenprogramm gibt Ihnen Raum, den Tag zu reflektieren oder zu vertiefen. Wichtig hierbei: Planen Sie diese Unternehmung schon vor dem Seminar. Sie werden am Ende des Seminartags erschöpft sein und sollten so wenig wie möglich noch zu erledigen haben. Je seichter und spaßiger die Abendgestaltung, desto besser. Das Rahmenprogramm muss keineswegs am Seminartag stattfinden, Sie können es natürlich auch auf einen anderen Tag oder den Nachbereitungstag legen. Wir bleiben dabei: Alles ist erlaubt, ganz wie es Ihnen zusagt.

Fast Reader

1. Vorbereitung

Das ideale Thema für Ihr Selbstseminar ist für Sie nützlich und interessiert Sie. Auf der Ebene des Basiswissens lässt sich darüber viel Aktuelles online herausfinden, sodass Sie es breit behandeln können.

- Blocken Sie sich genügend Zeit für die Stoffsammlung (3 Stunden), für den Seminartag (5–8 Stunden) und für die Nachbereitung (3 Stunden).
- Diese Seminarblöcke sollten an drei Tagen stattfinden, die in drei aufeinanderfolgenden Wochen liegen. Priorisieren Sie Ihr Selbstseminar konsequent und lassen Sie diesem nichts in die Quere kommen.
- Eine PowerPoint-Datei begleitet Sie durchs Selbstseminar. Die ersten beiden Seiten füllen Ihr Thema und der Zeitplan – mit ausreichend kleinen und größeren Pausen.
- Während der Vorbereitung füllen Sie die Präsentation mit Links zu qualitativen Quellen, die Lernfreude versprechen und sich in der Art der Medienwiedergabe abwechseln (Text, Audio, Video).

2. Der Seminartag

Schaffen Sie Seminarflair und einen idealen Rahmen für Ihren Seminartag, indem Sie Goodies und Leckereien bereit- und das Handy sowie andere Störfaktoren ausstellen. Lassen Sie Platz für Begrüßung und Verabschiedung und begeben Sie sich konzentriert und ungestört in die Lernphasen.

- Arbeiten Sie Ihren leistungsstarken Zeiten entsprechend und halten Sie Ihr Gehirn bei Laune. Dabei helfen
  - Wechsel der Körperhaltung,
  - unterschiedliche Sprachen,
  - Varianz im Medienkonsum.
- Notieren Sie die für Sie wichtigsten und praktikabelsten Dinge und integrieren Sie diese am Ende gut sortiert in die PowerPoint-Datei. Bedanken Sie sich auf der letzten Seite bei sich selbst.
- Bleiben Sie, bei aller Strenge, flexibel: Nervige und unnötige Contents kommen weg, wodurch Raum für Spannenderes und ursprünglich nicht Geplantes entsteht. Was am Seminartag keinen Platz mehr findet, wird auf die Nachbereitung oder ein andermal verschoben.

3. Nachbereitung

Gehen Sie Ihre Notizen aufmerksam durch und verinnerlichen Sie sie. Starten Sie dann Ihre erste Praxisphase, während der Sie Ideen testen und für Ihren Arbeitsalltag bereithalten.

- Beschäftigen Sie sich außerdem mit weiterführenden Theorien.
- Was darüber hinausgeht, nehmen Sie sich für Ihre Freizeit oder das nächste Selbstseminar vor.
- Geben Sie sich Feedback fürs Organisatorische: Was ist gut gelaufen und was soll beim nächsten Selbstseminar besser klappen?

Alles Kopfsache

Wenn das Prinzip Selbstseminar auf die dahinterliegenden Theorien zurückgeführt wird, zeigen sich unterschiedliche Erfolgsfaktoren.

- Wie bei der Managementstrategie „Effectuation" arbeiten wir mit der Mittelorientierung (nutzen, was da ist), stellen das Handeln ins Zentrum und nutzen Zufälle. Selbstermächtigung, Empowerment (vgl. Montessori-Pädagogik), Motivation und Commitment sind die Turbos für Planung und eigenständiges Lernen. Unsere Synapsen sind glücklich, wenn wir neugierig und konzentriert ans Lernen herangehen. Wer den Stoff mit Bedeutung und Emotion auflädt, mit vorhandenem Wissen assoziieren kann und systematisch wiederholt, merkt ihn sich besser.
- Die Job-Characteristic-Theorie besagt, dass starker Wissensdrang und Ambitionen uns zu Herausforderungen führen – dann haben wir eine gute Portion der sogenannten Growth-Need-Strength. Erfolg verschafft uns mehr Selbstzufriedenheit und

Selbstbewusstsein, und das Selbstseminar lässt uns Selbstwirksamkeit erfahren.

- New Learning als Schlüsselkompetenz der Zukunft stellt das lernende Individuum in den Mittelpunkt und gibt ihm Verantwortung. Das richtige Mindset verhilft uns zur Durchführung eines Selbstseminars – im Idealfall mehrerer Selbstseminare, die wir geballt als Karriereturbo nutzen.

10 Tipps & Tricks

- 1. Motivieren Sie sich mit Ihrem eigenen Logo oder einem Button als Mini-Marke in Ihrer begleitenden PowerPoint-Datei.
- 2. Kaufen Sie sich Blumen!
- 3. Machen Sie sich einen Spaß daraus, Selbstgespräche zu führen – in zwei Rollen, beim Leiten und Lernen.
- 4. Seien Sie streng und bleiben Sie Ihrem groben Zeitplan treu.
- 5. Formulieren Sie geschickt eine professionelle und wahrheitsgetreue Abwesenheitsnotiz, in der Sie Ihr Seminar erwähnen.
- 6. Kommunizieren Sie Ihre neuen Kompetenzen frei heraus.
- 7. Planen Sie ein Selbstseminar light aus den Unterlagen eines Fremd-Seminars.
- 8. Bilden Sie ein Selbstseminar-Tandem mit gemeinsamen Terminen zum Quellenaustausch und zum nachbereitenden Gespräch.
- 9. Gönnen Sie sich etwas Schönes für 25 Prozent des Gesparten.
- 10. Gestalten Sie ein abendliches, entspannendes Rahmenprogramm, das thematisch an Ihr Selbstseminar anknüpft.

Die Autorin

Veronika Weiss ist in Wien aufgewachsen. Nach dem geisteswissenschaftlichen Studium mit Abschlüssen in Germanistik und Musikwissenschaft, wo sie unter anderem an Forschungsprojekten und Publikationen im Bereich Sprachwissenschaften beteiligt war, ging sie nach Hamburg, um dort über ein Jahrzehnt lang als angestellte Verlagslektorin zu arbeiten.

2021 zog es sie in die Selbstständigkeit, zu mehr Gestaltungsfreiraum und einem breiteren Spektrum an Inhalten, beispielsweise Bildungsthemen. Sie gründete weiss texte und arbeitet seitdem als Texterin, Autorin und Lektorin. Ihre Arbeitsweise ist schon seit der Montessori-Grundschule geprägt durch hohe Eigeninitiative und gutes Selbstmanagement. Über diese Thematik sowie New Work, Arbeitskultur und New Learning schreibt sie seit Mai 2021 für das Börsenblatt – das Fachmagazin der Buchbranche.

Kontakt:
www.weisstexte.de
veronika@weisstexte.de

Weiterführende Literatur

Arnold, Rolf, und Gómez Tutor, Claudia: Emotionen in Lernprozessen Erwachsener. Bonn: Deutsches Institut für Erwachsenenbildung. REPORT (29) 1/2006

Barz, Univ.-Prof. Dr. Heiner: „‚Größtenteils haltlose Vorwürfe': Warum die Debatte um Maria Montessori wenig neue Erkenntnisse bietet - ein Gastbeitrag". www.news4teachers.de/2024/02/groesstenteils-haltlose-vorwuerfe-warum-die-debatte-um-maria-montessori-wenig-neue-erkenntnisse-bietet-ein-gastbeitrag/ (Stand 10.04.2024)

Brand, Markus, Foelsing, Jan, und Wittig, Sonja: „New Learning: Selbstbestimmtes, kollaboratives Lernen für New Work". www.business-wissen.de/artikel/new-learning-selbstbestimmtes-kollaboratives-lernen-fuer-new-work (Stand 15.01.2024)

Drath, Karsten: Die Kunst der Selbstführung. Was Führungskräfte über Resilienz wissen sollten. Freiburg: Haufe-Lexware GmbH & Co. KG, 2017

Faschingbauer, Michael: Effectuation. Wie erfolgreiche Unternehmer denken, entscheiden und handeln. Stuttgart: Schäffer-Poeschel Verlag, 2021

Kaufman, Josh: The First 20 Hours: How to Learn Anything ... Fast. TEDxCSU. https://m.youtube.com/watch?v=5MgBikgcWnY&pp=ygURNDAgaG91dHMgdG8gbGVhcm4%3D (abgerufen am 15.1.2024)

Klein-Landeck, Michael, und Pütz, Tanja: Montessori-Pädagogik. Einführung in Theorie und Praxis. Freiburg im Breisgau: Verlag Herder GmbH, 2011

Mai, Jochen: Die ganze Wahrheit über Erfolg. Kulmbach: Börsenmedien AG, 2023

Märtin, Doris: Exzellenz. Wissen Sie eigentlich, was in Ihnen steckt? Frankfurt am Main: Campus Verlag GmbH, 2021

Pantalon, Michael V.: Motivation. Wie Sie sich und andere schnell und erfolgreich motivieren. München: dtv Verlagsgesellschaft mbH & Co. KG, 2012

Scherer, Hermann: Fokus! Provokative Ideen für Menschen, die was erreichen wollen. Frankfurt am Main: Campus Verlag GmbH, 2016

Sprenger, Reinhard K.: 30 Minuten Motivation. Offenbach: GABAL Verlag GmbH, 2019

Von Münchhausen, Marco: Konzentration. Wie wir lernen, wieder ganz bei der Sache zu sein. Offenbach: GABAL Verlag GmbH, 2016

Westphal, Susanne: Die neue Lust an der Arbeit. Wie Sie mit Genuss bessere Leistungen erzielen. Frankfurt am Main: Campus Verlag GmbH, 2018

Register